태화산 편지

태화산 편지

초판 인쇄 2015년 9월 20일
초판 발행 2015년 9월 25일

지은이 한상도
펴낸이 박성모
펴낸곳 소명출판
    출판등록 제13-522호
    주소 서울시 서초구 서초중앙로6길 15, 1층
    전화 02-585-7840
    팩스 02-585-7848
    전자우편 somyong@korea.com
    홈페이지 www.somyong.co.kr

값 18,000원
ⓒ 한상도, 2015
ISBN 979-11-86356-09-8 03800

이 책은 저작권법의 보호를 받는 저작물이므로 무단전재와 복제를 금하며,
이 책의 전부 또는 일부를 이용하려면
반드시 사전에 저작권자와 소명출판의 동의를 받아야 합니다.

태화산 편지

한상도

책머리에 ……….

3년 전 이곳 태화산으로 내려온 뒤 많은 것이 달라졌습니다. 먹는 것, 입는 것, 일하는 것은 물론 생각하는 것까지 다 바뀌었습니다. 철 따라 내어주는 자연의 먹거리, 흙을 일구고 씨를 뿌리는 농부로서의 삶, 지역 주민들과의 격의 없는 어울림……. 하루하루의 일상이 도시에서의 삶과는 확연히 달랐습니다. 인생의 후반전이 아니라 새로운 두 번째 인생이었습니다.

도시에서 보낸 첫 번째 인생이 앞만 보고 달린 경주였다면 이곳 태화산에서의 새로운 삶은 산책에 비유할 수 있습니다. 주위를 둘러보고 새소리도 들으며 인생도 생각하면서 걷는 산책…….
그렇게 천천히 걷다 보면 달릴 때는 보이지 않던 것들이 눈에 들어옵니다. 풀 한 포기, 나무 한 그루에서도 자연의 질서와 생명의 환희가 느껴집니다. 인간의 삶 또한 지수화풍(地水和風)의 자연에 근거하고 있음을, 자연과 조화를 이룰 때 아름답고 행복할 수 있음을 알게 됩니다.

그런 경험과 깨달음을 많은 분들과 나누고 싶었습니다. 저처럼 귀농이나 귀촌을 꿈꾸는 또 다른 분들에게는 선배로서의 산경험을, 도시의 일상에 지친 분들에게는 이슬비처럼 촉촉한 자연의 감성을, 나이가 들어 마음이 외롭고 허전한 분들에게는 고향의 추억과 정감을 전해 드리고 싶었습니다. 태화산 편지는 그렇게 시작되었습니다.

카카오스토리, 페이스북, 밴드, 블로그, 까페……. SNS 공간은 말 그대로 스마트했습니다. 산중에서 올리는 제 편지가 실시간으로 세상에 전해지고, 얼굴도 모르는 분들과 친구가 되었습니다. 한 회 두 회 횟수가 거듭될수록 친구가 늘어나고, 댓글을 통해 소통과 교류가 이루어졌습니다. 마음만 통하면 그뿐, 얼굴도 나이도 사는 곳도 문제가 되지 않았습니다. 좀 더 시간이 지나자 저와 님과의 소통이 님과 또다른 님, 또다른 님과 또다른 님으로 이어지고「태화산 편지」는 친구들과 마음으로 소통하는 사랑방이 되었습니다. 불통의 시대라는 요즈음 우리는 그렇게 마음으로 소통을 이루었습니다.

그러는 사이 편지가 300회를 넘어서고 계절도 한 바퀴 돌고 돌았습니다. 자의 반 타의 반으로 출판을 생각하게 되었고, 때마침 좋은 출판사와도 인연이 닿아 작업을 시작했습니다.

처음에는 편지와 함께 댓글도 수록하는 방향으로 진행했습니다. 제 편지에 달아주신 친구님들의 댓글, 김치의 양념처럼 감칠맛이 나는 댓글을 함께 수록하면 내용도 풍성해지고 의미도 배가될 것이란 생각이었습니다.

하지만 현실적 한계가 발목을 잡았습니다. 그 많은 댓글을 다 수록하려니 페이지가 감당할 수 없이 늘어나고, 한두 개씩 골라 수록하니 댓글의 맛이 떨어지고 보기에도 좋지 않았습니다. 그렇다고 편지의 수를 줄이는 것도 좋은 방안이 되지 못해 결국 편지만 수록하게 되었습니다. 이 점 널리 양해를 구하겠습니다.

* * *

베이비붐 세대의 은퇴와 맞물려 시작된 귀농 귀촌의 흐름은 한 순간의 유행이 아니라 새로운 시대의 트렌드가 되고 있습니다. 장담할 수는 없지만 시간이 지날수록 그 행열은 더욱 늘어날 것입니다. 이 책이 그런 분들에게 작은 희망이 되고, 또 도시에서 열심히 살아가시는 분들에게는 잠시 마음을 내려놓을 수 있는 작은 쉼터가 되었으면 좋겠습니다. 그렇게만 된다면 제게는 더없는 영광이요 보람일 것입니다.

변변치 못한 글인데도 흔쾌히 출판에 응해 주신 박성모 소명출판 대표에게 진심으로 감사드리며, 정성을 다해 멋진 책을 만들어 주신 공홍 부장님, 한사랑 대리님께도 고맙다는 말씀을 드립니다. 아울러 매일 아침의 편지에 좋은 기운으로 화답해 주신 카친 페친 밴친님들, 낯선 저를 믿고 뜻과 힘을 모아주신 김삿갓 주민들과 조합원님들, 그리고 옆에서 묵묵히 자리를 지켜 준 아내와 아들 얼에게도 고마움을 함께 전합니다. 모든 분들, 정말 고맙습니다. 잊지 않겠습니다.

차례

봄편지

태화산의 봄 12

001 느림의 미학 14
002 밭아 16
003 30cm의 여행 18
004 때 20
005 밭갈이 22
006 미타쿠예 오야신 24
007 봄비 26
008 유무상생有無相生 28
009 동강할미꽃 30
010 소나무 32
011 퇴욕배 34
012 여백 36
013 섶다리 38
014 무단점유? 40
015 과속방지턱 42
016 단비 44
017 잡초 46
018 제비꽃 48
019 박비향 50
020 버스정류장 52
021 민들레김치 54
022 터널 56
023 청록다방 58
024 오늘 60
025 봉오리 62
026 그룹 태화산? 64
027 벚꽃 66

028 금낭화 68
029 원혼 70
030 연 72
031 나룻배 74
032 오월 76
033 꽃이 지는 자리 78
034 작물과 잡초 81
035 깻묵 84
036 잡초와 약초 86
037 명과 암 88
038 이팝꽃 90
039 천년초 92
040 아카시아 96
041 링-반데룽 100
042 밴드 102
043 소금쟁이 106
044 양귀비꽃 108
045 그날 110
046 풍경소리 112
047 들풀 114

여름편지

태화산의 여름 118

048 출생 120
049 어수리 막걸리 122
050 태화산 마트? 124
051 두레 쿠폰 126
052 달팽이의 꿈 128
053 지렁이 130
054 자연의 역습? 132
055 선과 악 134
056 공포와 본능 136

057 절박함의 힘 138
058 굴레 142
059 품앗이 144
060 비행 146
061 고독 148
062 수단과 목적 150
063 근절 153
064 담쟁이 156
065 가지 슈기 158
066 습관의 힘 160
067 다슬기 162
068 스프링쿨러 164
069 유혹 166
070 불나방 168
071 후유증 170
072 거울 172
073 계곡물 174
074 로드킬 176
075 드러내기 178
076 반딧불이 181
077 운명? 183
078 인드라망 186
079 경계 188
080 거리 190
081 청령포 192
082 촌구석? 194
083 손맛? 196
084 술욕심? 198
085 안개 200
086 합수머리 202
087 가로등 204
088 우회로 206

가을 편지

태화산의 가을 210

089 사이비 212
090 비와 술 214
091 약과 독 216
092 귀물 218
093 신은 죽었다? 220
094 민들레의 영토 222
095 별 224
096 4차원 226
097 해걸이 228
098 나팔꽃 230
099 천남성 232
100 꽃과 벌 234
101 쑥부쟁이 236
102 고슴도치 238
103 가을 모기 240
104 줄타기 242
105 각시투구꽃 244
106 흔들림 246
107 상생과 상극 248
108 어수리밥상 250
109 산속음악회 252
110 최소한의 자존심? 254
111 하늘의 일 256
112 위기危機 258
113 단풍 260
114 불쏘시개 262
115 산수유 264
116 방송 촬영 266
117 가을서정 268
118 관계의 가치 270
119 도끼질 272
120 파종 274
121 마지막 잎새 276
122 어수리김치 278
123 흙 280
124 약초차 282
125 볼펜탑 284
126 와송된장 286
127 도꼬마리씨 288
128 키질 290
129 행복방정식 292
130 겉잎 294
131 홍시 296
132 생의 작품? 298

겨울 편지

태화산의 겨울 302

133 가치의 역전? 304
134 길 306
135 강정 308
136 몸 310
137 저녁 연기 312
138 군고구마 314
139 모운동 316
140 풍작의 저주? 318
141 메멘토 모리 320
142 본질과 관계 324
143 어수리술 326
144 산꼬라데잇길 328
145 꽃부각 330
146 사족 332
147 소통 334
148 벽난로 336
149 발자국 338
150 집으로 가는 길 340
151 햇살 342
152 신의 의자? 344
153 불청객? 346
154 하늘 348
155 기원 350
156 나이테 352
157 이정표 354
158 목화 356
159 패 358
160 고등어 360
161 종 362
162 재 364
163 산죽차 366
164 이면 368
165 태양 370
166 가지 372
167 가재골 374
168 와송 376
169 관계의 힘 378
170 방심의 대가? 380
171 광부의 길 382
172 경험의 함정 384
173 미생? 386
174 웃음 388
175 멸치 390
176 연탄재 392
177 장 담그기 394
178 솟대와 달 396
179 기찻길 398
180 봄소리? 400

태화산 편지

봄 편지

:

태화산의 봄

계곡을 따라 이어진 어수리 밭에서 파릇파릇한 싹이 언 땅을 뚫고 얼굴을 내밀면 태화산에도 봄이 찾아듭니다. 계곡에서는 겨우내 얼었던 얼음이 녹아 졸졸졸 소리를 내며 흐르고, 한겨울의 추위를 맨몸으로 이겨낸 나무들도 기지개를 펴고 움을 틔우기 시작합니다.

좀 더 시간이 지나면 밭가의 매화가 붉은 꽃망울을 터트리고, 그것이 무슨 신호라도 되는 양 크고 작은 꽃들이 앞을 다투어 피어납니다. 길가의 자갈 틈에서 노랗게 피어난 민들레, 바위 밑에 수줍게 얼굴을 내민 제비꽃, 그리고 이름도 모르는 또 다른 들꽃들……. 겨울을 이겨낸 기쁨을 꽃으로 피워 올립니다.

덩달아 제 마음도 바빠집니다. 밭으로 산으로 오가며 약동하는 봄의 기운을 만끽합니다. 봄은 얼어붙은 땅 속에서 시작되는 것임을, 겨울은 새로운 봄을 준비하는 진통의 시간이었음을 눈으로 보고 가슴으로 느낍니다. 온 산에 가득한 생명의 신비와 경이. 봄이 전해 주는 자연의 선물입니다.

4월이 무르익으면 어수리 채취를 시작합니다. 지난 가을에 파종한 어수리. 그 작은 씨앗이 겨울을 이겨내고 틔워올린 잎을 뜯어다 나물밥을 짓고 전을 부치고 장아찌를 담급니다. 씹을수록 배어나는 은은하고 향긋한 맛과 향. 겨울을 이겨낸 인고의 향이요, 사무치는 그리움의 맛입니다.

어수리뿐이 아닙니다. 냉이, 달래, 민들레, 참나물, 땅두릅……. 봄날의 산이 내어주는 선물은 끝이 없습니다. 김밥 한 줄 싸들고 뒷산에 올라 새순을 따고 나물을 뜯는 즐거움. 산이 아니면 누릴 수 없는 봄날의 호사입니다.

5월로 접어들면 태화산은 신록으로 물듭니다. 하루하루 색상과 농도를 달리하며 펼쳐지는 신록의 향연. 쳐다만 봐도 눈이 부십니다. 건드리면 금방이라도 손에 묻어날 것처럼 샛푸른 잎들. 그 사이사이 수를 놓듯 피어난 아카시아와 복숭아꽃. 거기에 여백으로 보이는 높푸른 하늘까지……. 반백을 넘은 중년의 가슴이지만 뛰지 않을 수 없습니다.

태화산의 봄은 그런 계절인 것 같습니다. 나이든 중년의 가슴마저 뛰게 하는 소생과 신록의 계절. 그래서 저는 오늘도 봄의 향기에 취해 태화산의 품속으로 빠져듭니다.

느림의 미학

"내려올 때 보았네. 올라갈 때 보지 못한 그 꽃"
제가 좋아하는 고은 시인의 「그 꽃」이란 시입니다.
젊었을 때는 단지 머리로만 이해했는데
산중에 사는 요즘에는 가슴으로 느끼고 있습니다.

등산을 할 때면 저 또한 앞만 보고 올랐습니다.
정상에서 누가 기다리는 것도 아닌데,
뒤에서 누가 쫓아오거나 닥달하는 것도 아닌데,
왜 그렇게 오르는 데만 정신이 팔렸는지,
등산을 하면서 정작 산은 제대로 보지 못했는지…….
산은 오르는 게 아니라 느끼는 것이라는 것을
이곳 태화산으로 내려온 뒤에야 알았습니다.

가만히 뒤돌아보면
오르는 데 급급했던 것은 인생 또한 마찬가지였습니다.
먼저 가야 한다, 한 발이라도 앞서야 한다…….
단거리 경주처럼 앞만 보고 달리느라
주변을 돌아올 여유조차 갖지 못했습니다.

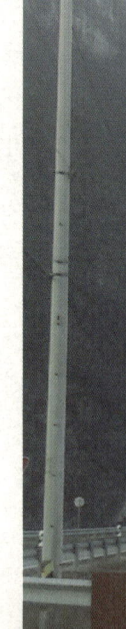

반백을 넘어 내려올 때가 되어서야 알았습니다.
인생에서 정말로 중요한 것은
앞이 아니라 옆이요, 결과가 아니라 과정이라는 것을.
가족, 이웃, 벗, 동료 등 가까운 이들과 더불어
여유를 갖고 주변을 돌아보며 나아갈 때
생의 기쁨과 즐거움이 뿜어져 나온다는 것을.

그래서 저는
후반기 내려오는 삶의 터전으로
느림의 미학, 슬로시티 김삿갓을 선택했습니다.

편지 002

발아

지난 가을에 채종해 뿌린 어수리씨앗,
입김에도 날리던 그 작고 연약한 씨앗이
매서운 겨울을 견디고 이렇게 싹을 틔웠습니다.

샛푸른 싹으로 돋아난 새로운 생명.
그 놀랍고 신비로운 모습에 끌려
옆에 쪼그리고 앉아 한참을 바라보았습니다.

어수리와 같은 야생의 식물은 대부분 가을에 파종합니다.
따뜻한 봄에 뿌리는 게 더 좋을 것 같지만 아닙니다.
발아율도 떨어지고 자라는 것도 시원치 않습니다.
가을에 뿌려 땅속에서 춥고 캄캄한 겨울을 보내야
발아도 잘 되고 싹도 더 건강하게 자랍니다.

그러고 보면
고난이라는 것은
생명이 자라는 데 필요한 자양분 같은 것인지도 모릅니다.

맹자가 그랬던가요?
하늘은 사람의 크기에 비례해 고난을 준다고요.
언 땅을 뚫고 나온 저 어수리 싹을 보니
그 말이 그냥 한 허언은 아니라는 생각이 듭니다.

그렇다면
지금 내 앞에 놓인 크고작은 고난과 고통 또한
피하고 외면할 것이 아니라,
다가가 끌어안아야 하는 것이 아닐는지요.
그 또한 내 인생의 자양분 같은 것이니까요.

편지
003

30cm의 여행

산중에 봄이 찾아드니 가슴이 바빠집니다.
땅을 뚫고 나오는 새싹에서 나무에 움트는 꽃눈까지…….
모든 것이 신비요, 경이입니다.
보고만 있어도 쿵쾅쿵쾅 가슴이 뜁니다.
약동하는 생명의 기운이 온몸에 느껴집니다.

서울에서는 가슴보다 머리로 살았습니다.
느끼고 감상하기보다 따지고 분석하느라 바빴습니다.
길가에 핀 꽃을 보면 더럽혀질 거리를 생각했고,
이웃에서 떡이라도 한 접시 건네면
저의가 무엇인지 머리부터 굴렸습니다.

삶 또한 마찬가지였습니다.
'지금 여기' 있는 나를 느끼고 즐기는 것이 아니라
남은 인생을 위해 돈이 얼마나 필요하고,
그것을 위해 무엇을 어떻게 해야 하는지,
따지고 분석하는 데 바빴습니다.

그러는 사이 가슴에는 녹이 슬어
웬만한 것에는 미동조차 하지 않는
무감각하고 무미건조한 삶이 되고 말았습니다.

이곳에 내려온 뒤에야 알았습니다.
삶은 머리로 이해하고 분석하는 것이 아니라
가슴으로 느끼고 경험하는 것이라는 사실을요.
머리에서 가슴으로 내려오는 데 60년이 걸렸다는
김수환 추기경님 말씀의 참의미를요.

아름다운 것을 보면 아름답게 느끼고
신기한 것을 보면 가슴으로 다가가는 것.
그것이 인생의 참맛이요, 즐거움이 아닐는지요.

머리에서 가슴으로 내려오는 30cm의 여행.
생의 그 어느 여행보다
뜨겁고 가슴 뛰는 여행이 아닌가 싶습니다.

편지 004

때

산중에 내려와 생활하면서 바뀐 것이 참 많습니다.
먹는 것, 일하는 것, 생각하는 것이 다 바뀌었습니다.
더 근본적으로 생활 리듬 자체가 바뀌었습니다.

동이 트면 눈을 뜨고 날이 밝으면 일을 합니다.
해가 저물면 마무리하고 밤이 되면 잠자리에 듭니다.
하늘의 기운에 삶의 리듬을 맞춥니다.
하루하루가 평온하고 순탄합니다.

도시의 삶은 그렇지 않지요.
해가 지면 그때서야 일을 시작합니다.
친구를 만나고, 술을 마시고, 노래를 부르고…….
새벽이 되어서야 돌아와 동이 틀 때 잠을 잡니다.
해가 중천이 될 때 눈을 비비고 일어나고,
날이 저물면 슬슬 활동을 시작합니다.
하늘의 기운을 거슬러 정반대의 생활을 합니다.
그러니 어찌 몸이 편하고 마음이 평안하겠습니까?

도(道)란 때를 아는 것이라 했습니다.
먹을 때 먹고, 일할 때 일하고, 잘 때 자는 것.
그것이 도(道)요, 그것을 행하는 이가 군자라는 것입니다.
산중에서는 지극히 자연스러운 것인데,
도시에서는 정말로 어려운 난제가 되니
문명의 이기란
그만큼 도에서 멀어지는 것인지도 모르겠습니다.

편지 005 밭갈이

개나리 진달래로 산천의 봄이 시작된다면
농촌의 봄은 밭갈이에서 시작됩니다.
지난해 배추를 심어 수확도 못하고 썩힌 밭일망정,
올해도 품값이나 건질지 장담할 수 없을지언정
꼭두새벽부터 골을 내고 두둑을 만듭니다.
밭은 갈아야 하고, 뭐라도 심어야 하니까요.
봄은 또 그런 계절이니까요.

겨울내내 수확도 못한 배추가 썩어가던 밭.
그 밭이 저렇게 갈아진 것을 보면서
희망에 대해 다시 생각하게 되었습니다.
희망은 %로 따지는 가능성의 문제가 아니라
생이 지고 가야 할 운명이요 숙명이라는 것을요.
이 봄이 그렇듯이 말입니다.

농부가 밭을 갈고 씨를 뿌리는 것은
수익에 대한 기대 때문이 아닙니다.

생명을 가꾸는 보람이나 희열 때문도 아닙니다.
그것이 곧 삶이요 운명이기 때문입니다.
수익이나 보람은 그에 따른 결과물일 뿐입니다.

따지고 보면 그게 어디 농부뿐이겠습니까?
지금 내가 서 있는 공간,
지금 내가 하고 있는 일 또한
정도의 차이뿐 마찬가지 아니겠습니까?

수확도 못하고 갈아엎을지언정 씨를 뿌리듯
누가 알아주지 않고 보아주지 않아도,
그 가능성조차 희미해 보여도 묵묵히 가야만 하는 길.
생이란 애당초 그런 것인지도 모르겠습니다.

미타쿠예 오야신

산중에 들어와 살면서 달라진 것이 또 하나 있습니다.
주변의 모든 것들이 나와 무관하지 않다고 느끼는 것입니다.
내가 키우는 작물은 물론이고,
나무 한 그루 풀 한 포기조차도
서로 영향을 주고받는 것처럼 느껴집니다.
서울에서는 아파트 앞집조차 나와 무관한 것으로 느꼈으니,
변화도 큰 변화가 아닐 수 없습니다.
미타쿠예 오야신.
'세상은 하나로 연결되어 있다'는 인디언들의 인사말을
비로소 실감할 수 있습니다.

그렇습니다. 세상의 모든 것은 하나로 연결되어 있습니다.
내 안에 네가 있고, 네 안에 내가 있습니다.
내가 마시는 숨 속에 네가 내뿜은 숨이 있고,
내 몸에서 나온 기가 네 몸으로 들어갑니다.
그러니 너와 나는 하나면서 둘이요, 둘이면서 하나입니다.

이는 현대과학을 통해서도 입증이 됩니다.
양자물리학에 의하면
모든 물체는 쪼개고 쪼개면 실체가 없는 파동이 됩니다.
파동이 모인 것이 물체요, 흩어진 것이 허공입니다.
동양에서는 이것을 기(氣)라고 불렀지요.

산중에 살다 보면 문득문득 기운이 느껴집니다.
세상이 기로 연결되어 있다는 것이 실감이 납니다.
관계가 존재에 우선한다는 것을 느끼게 됩니다.

그러니 바쁜 일상에 기운이 빠져 기진맥진해지면
잠시 시간을 내어 이곳 태화산으로 오십시오.
산중에 남아도는 맑고 청아한 기운이
님의 빠져나간 기운을 채워드릴 것입니다.

편지 007

봄비

아침부터 비가 내리고 있습니다.
이제 막 꽃망울을 터트리는 복숭아꽃 위로
맑은 이슬이 소복소복 떨어지고 있습니다.

붉은 꽃망울을 적시고 끝에 매달린 빗물방울.
이곳에서도 쉽게 볼 수 없는 봄날의 서정이라
비를 맞으며 가까이 다가가 셔터를 눌렀습니다.

    이 비 그치면

    강나루 긴 언덕에

    서러운 풀빛이 짙어오겠다…….

봄비 하면 생각나는 이수복 님의 시입니다.
제 기억으로는 중학교 때 배운 것 같습니다.
시구처럼 봄비는 복숭아꽃을 피워 올리고,
제 가슴 속 낡은 감성까지 소생시키고 있습니다.

그래서일까요?
마음 같아서는 이 비를 맞으며
강나루 긴 언덕을 하염없이 걷고만 싶어집니다.

하지만, 그런 제 감성은
창문 너머 들리는 집사람의 한마디에
여지없이 깨지고 맙니다.
"빨리 들어와! 황사비야."

감성과 이성 사이.
젊었을 때부터 계속된 그 사이에서의 갈등을
지금도 반복해야 하니,
제가 아직도 철이 없는 것일까요?
아니면 나이가 들수록 감성이 그리운 것일까요?

이성적으로는 몰라도
감성적으로는 후자라고 박박 우기고 싶은,
봄비 내리는 아침입니다.

유무상생 有無相生

새벽 5시, 산중의 아침이 밝아옵니다.
어둠이 물러서고 빛이 들어서는 경계의 시간,
제가 가장 좋아하는 시간입니다.
어둠과 빛을 함께 볼 수 있기 때문입니다.

하지만 경계에 대한 세상의 평가는 부정적입니다.
이도 저도 아닌 어정쩡한 상태로 낙인찍거나
사람의 경우 기회주의자로 지탄하기 일쑤입니다.
정체성이라는 이름으로 어느 한 쪽을 강요합니다.

언제부턴가 우리는 모든 것을 나누고 구분합니다.
개념과 범주를 만들어 그 안에 가둡니다.
이건 약이고 저건 독, 너는 보수고 나는 진보,
서울에 살면 현실주의자, 산속에 살면 자연주의자…….
그리고 그 범주를 벗어나면
오류니 부작용이니 하며 눈을 치뜨고,
배신자 기회주의자로 욕하고 저주합니다.
분석과 분류를 중시하는 서구문화의 영향입니다.

노자는 도를 일러 유무상생(有無相生)이라 했습니다.
만물에는 유(有)와 무(無)가 함께 존재한다는 것,
그것만이 변치 않는 진리라는 것입니다.

그렇습니다.
어둠 속에 빛이 있고, 빛 속에 어둠이 있습니다.
약 속에 독이 있고, 독 속에 약이 있습니다.
진보 속에 보수도 있고, 보수 속에 진보도 있습니다.
때에 따라 상황에 따라 어느 한 쪽이 더 드러나 보일 뿐입니다.
그러니 빛을 볼 때는 어둠도 함께 봐야 하고,
약을 먹을 때는 독도 생각해야 합니다.
보수를 주장할 때는 진보도 인정해야 합니다.
그러지 못하고 어느 한 쪽에 빠져
그것이 전부인 줄 알고 안주하게 되면
그야말로 외눈박이요, 반쪽 세상을 살 뿐입니다.

여명을 헤집고 서서히 밝아오는 새벽빛.
동쪽 하늘을 붉게 물들이는 햇살을 보며
한번쯤은 그 뒤로 물러선 어둠도 생각하는,
그런 아침이면 좋겠습니다.

편지
009

동강할미꽃

할미꽃 하면 님은 먼저 무엇이 연상되십니까?
어머니 무덤가, 고개 숙인 꽃, 애초롭고 안타까운…….
이것이 우리가 알고 있는 할미꽃의 이미지입니다.

하지만 그와는 전혀 다른 할미꽃이 있습니다.
동강 주변의 바위틈에서만 자생하는 특산식물,
세계 희귀종으로 등록된 동강할미꽃이 그렇습니다.

어제 낮, 영월농업기술센터에서 열린
동강할미꽃 전시회에 다녀왔습니다.
영월자원식물보존회 회원들이 키운 120여 종이
다양한 모습으로 전시되어 있었습니다.
하늘을 향해 고개를 빳빳히 쳐들고 피어난 꽃,

애초롭기보다 앙증맞고 화사하게 느껴지는 꽃…….
내가 알고 있는 할미꽃과는 많이 달랐습니다.

세상에, 이런 할미꽃도 있구나~
그동안 내가 알고 있는 할미꽃에 대한 상식,
오랫동안 보고 배우고 경험한 할미꽃이
할미꽃의 전부가 아니라는,
그것을 넘어선 또다른 할미꽃이 있다는 사실에
뒤통수를 맞은 듯 머리가 몽롱해졌습니다.

그러고 보면
지식이나 경험 또한 완전한 것이 아닌 것 같습니다.
공인된 지식과 경험으로
누구나 그러리라 믿고 있는 상식이라는 것 또한
저 동강할미꽃처럼
어딘가에는 예외가 있고,
시간에 따라 달라질 수 있으니까요.

그러니 활용은 하되 맹신해서는 안 된다는 것.
동강할미꽃이 가르쳐주는
지식과 경험에 대한 대응방법입니다.

소나무

김삿갓의 랜드마크, 김삿갓계곡의 초입입니다.
계곡 건너편 절벽을 푸르게 뒤덮은 소나무.
수형이나 기품이 하나같이 범상치 않습니다.
하지만 좀 더 들여다보면 그렇지도 않습니다.
여느 곳에 있는 소나무와 별반 다르지 않습니다.
그런데도 웬지 격이 다르고
신성한 기운마저 느껴지는 것은
나무가 딛고 선 바위 때문이 아닌가 싶습니다.

거대한 바위를 깎아지른 절벽.
그 사이사이 한 줌이나 될까 싶은 흙을 토대로
저렇듯 곧고 의연하게 자랐으니 말입니다.
절레절레 고개를 흔드는 극한의 상황에서도
뿌리를 내리고 싹을 틔우고 가지를 뻗은,
그 놀라운 생명력의 아우라 때문이 아닐는지요.

갈수록 힘이 들고 고달퍼지는 서민들의 삶.
고진감래다, 아프니까 청춘이다…….
그 좋은 희망의 말들조차 공허하기만 합니다.

그래도 한 가지 분명한 것은 있습니다.
저 소나무가 그러하듯
님과 저의 생명력 또한
우리가 상상하는 그 이상이라는 것 말입니다.
바늘 같은 틈에도 뿌리를 내리고 싹을 틔워
결국은 바위를 뚫고 올라오는 저 놀라운 생명력이
님과 저의 가슴 속에서도
숨을 쉬며 꿈틀거리고 있다는 사실 말입니다.

그 놀라운 생명의 힘을 믿기에
때늦은 함박눈이 쏟아진 오늘 하루도
힘차게 시작할 수 있습니다.

편지 011 퇴욕배

이곳 김삿갓면에는
호안다구박물관이라고 좀 특별한 박물관이 있습니다.
찻잔을 비롯해 찻통, 주전자, 다반 등
500여 점의 다구들을 전시해 놓은 차 용기 박물관입니다.

어제 오후 이 박물관에 들러 전시실을 둘러보았습니다.
전시되어 있는 각종 다구들이 다 특색 있게 보였지만
무엇보다 제 시선을 끈 것은 하나의 작은 술잔(찻잔)이었습니다.

이름하여 퇴욕배.
7부 이상 채우면 그 이상의 술은 다 새게 만들어졌다는 잔.
청나라 때 황제가 곁에 두고 경계로 삼았다는 잔.
최인호의 소설 『상도』에 등장하는 계영배,
바로 그런 잔이었습니다.

잔 가운데의 막대가 특히 눈에 띄었습니다.
잔 위로 올라온 동물 모양의 막대,
채우는 욕심뿐 아니라

마시는 욕심까지 경계하기 위한 장치였습니다.
단숨에 마시면 막대가 코에 닿게 해
천천히 음미하며 마시도록 한 선인들의 지혜.
건배, 원샷이 생활화된 요즘의 음주문화에
경각심을 일깨워 주는,
말 그대로 퇴욕배가 아닐 수 없습니다.

술 약속이 많은 금요일 저녁입니다.
오늘만이라도 술자리에서
이 잔이 화제가 되었으면 좋겠습니다.

여백

저희 집 앞에는 감나무가 한 그루 있습니다.
수령이 오래된 데다 수형도 멋스러워
수시로 주위를 맴돌며 바라보곤 합니다.

그런데, 어디서 보느냐에 따라 느낌이 다릅니다.
베란다에서 바라볼 때는 멋지다, 감탄사를 연발하지만
밭가에서 보면 별다른 느낌이 들지 않습니다.
여백 때문입니다.

베란다에서 보면
뒤에 하늘이 있어 나무의 모습이 산뜻하게 살아나지만
밭가에서 보면
뒤에 산이 있어 수세도 드러나지 않고 답답하기만 합니다.
그만큼 여백이 중요합니다.

사람 또한 마찬가지가 아닐는지요.
뭐 하나 빠진 것 없이 완벽한데
볼수록 답답하고 숨이 막히는 사람이 있습니다.

채우고 쌓는 데 급급해 여백이 없기 때문입니다.

저도 젊었을 때는 여백을 낭비로 알았습니다.
아까운 공간을 왜 버리느냐,
하나라도 더 칠하고 채우기 위해 아둥바둥하며 살았습니다.
많은 시간이 지난 뒤에야 알았습니다.
없음으로 존재하고, 비움으로 채워지는
여백의 참다운 의미를요.

앞으로는 여백이 있는 삶을 살 것입니다.
님의 손을 잡을 수 있도록 제 손을 비우고
님이 들어와 앉을 수 있도록
가슴 속에 빈 의자도 하나 마련하겠습니다.
감나무의 존재조차 흐리게 하는 산이 아니라
수형까지 멋지게 살려내는 하늘을 닮겠습니다.

섶다리

영월읍내의 동강을 가로지른 섶다리입니다.
나뭇가지와 솔가지를 엮어 걸치고
그 위에 흙을 다져 만든 임시 다리입니다.
현대식 교량에 밀려 지금은 찾아보기 어렵지만
예전에는 하천이나 강을 건너는 데
없어서는 안 되는 소중한 다리였다고 합니다.

저도 이제 나이가 들었기 때문일까요.
아니면 너무 빠른 기계화에 대한 반작용일까요.
바로 옆에 아치형의 현대식 다리가 있지만
눈길은 자꾸 저 아날로그 다리로 향합니다.
주민들이 함께 모여 지주를 놓고 가지를 엮고……
서로 어울려 한 발 한 발 앞으로 나아가며 만든 다리.
그렇게 앞을 가로막은 강물을 넘어
이쪽과 저쪽을 하나로 잇는 통행의 다리.

오늘날 우리 사회의 화두가 다름 아닌 소통이지요.
소통은 어쩌면 저 섶다리 같은 것인지도 모르겠습니다.

앉아서 기다리는 것이 아니라
한 발 한 발 가지를 엮고 흙을 다지며 다가가는 것,
많은 땀과 시간이 필요한 장거리 경주 같은 것 말입니다.

그러고 보니 님과 저 사이에도
저런 섶다리 하나 있었으면 좋겠습니다.

무단점유?

저희 집 마당가에 만들어 놓은 우편함입니다.
오는 것이라곤 고지서뿐인지라 잘 들여다보지 않습니다.
아침에 현관문을 열고 나와 보니
우편함에 뭔가 있는 것 같아
모처럼 문을 열고 들여다 보았습니다.
그런데 웬걸?
안에 있는 것은 우편물이 아니라 새집이었습니다.
언제 지었는지 안락한 둥지를 틀고
그 안에 알까지 세 알 낳아 놓았습니다.
남의 물건을 무단으로 점유한 것도 모자라
제 집처럼 둥지까지 틀고 사는 것이 괘씸하지만
그래도 새로운 생명의 탄생을 외면할 수 없어
조용히 문을 닫고 메모를 적어 붙였습니다.
"안에 새가 집을 지었어요. 우편물은 당분간 현관 앞으로 주세요."
어쩌겠습니까?
새끼가 부화해 날아갈 때까지 기다려야지,
알까지 낳은 녀석을 강제로 내쫓을 수는 없지 않겠습니까?

편지
015

과속방지턱

시내와 달리 시골의 도로에는 턱이 많습니다.
저희 집에서 김삿갓면까지 가는 데만도
예닐곱 개가 설치되어 있습니다.
인적이 드물고 차량통행도 적은지라
과속으로 인한 사고를 예방하기 위해서입니다.

님께서도 아시겠지만
운행을 하다 저 턱을 만나면 속도를 줄여야 합니다.
앞에서부터 브레이크를 밟고 천천히 다가가야
파도를 타듯 부드럽게 넘을 수 있습니다.
보지 못하거나 무시하고 그냥 달리게 되면
우당탕, 쿵! 차가 튀어 손상을 입고
심하면 사람까지 다칠 수 있습니다.
과속보다 더 위험한 결과를 초래할 수 있습니다.

저 턱은 인생이라는 도로에도 있습니다.
한눈 팔지 않고 열심히 달리고 있는데도
웬지 모르게 튀고 뒤틀리고 어긋나는 때가 있습니다.

그럴 때는 저 턱을 의심해 봐야 합니다.
너무 급하게 달린다고 경고를 보내는 것은 아닌지,
속도를 줄이고 주위를 살펴봐야 합니다.
그런 다음 여유를 갖고 천천히 나아가야 합니다.
그래야 인생이란 긴 길을 탈없이 달릴 수 있습니다.

올 한 해도 벌써 석 달이 지났습니다.
정말 쏜 화살같이 빠르게 지나갔으니
저 또한 너무 급하게 달린 것인지도 모르겠습니다.
여지껏 무심히 지나치던 저 도로 위의 턱이
오늘따라 눈에 크게 들어오는 것도 그 때문이 아닌가 싶습니다.

그것이 제게 주는 생의 메시지라면
겸허히 받아들이고 따르는 것이 도리일 터.
이번 한 주는 잠시 속도를 줄이고 주위를 살피는,
여유와 자성의 시간으로 보내야겠습니다.

편지 016 단비

어제 종일 이곳 태화산에도 봄비가 내렸습니다.
파종기를 앞두고 건조주의보까지 내린 이 때
대지를 촉촉히 적시며 보슬보슬 내리는 봄비.
이제 막 싹을 틔우며 돋아나는 작물에게는
그야말로 생명수 같은 단비가 아닐 수 없습니다.

그래도 해갈에는 턱없이 부족하다고 합니다.
그러면 한번쯤 저수능력을 점검해봐야 합니다.
원하는 만큼 내려주면 더 바랄 게 없겠지만
내린 것을 알뜰히 모아 제대로 활용하는 것.
그것 또한 단비 아닌 단비일 수 있으니까요.

귀농 이후 제 인생에도 단비가 내렸습니다.
이곳 태화산과 김삿갓에서 만난 어수리와 약초차,
낯선 저를 믿고 함께해준 김삿갓 장금이/다녀님들,
술 한잔 생각날 때 기꺼이 함께해 준 귀농 선후배,
그리고 이렇게 보이지 않는 곳에서
힘이 되고 용기를 주시는 카친 페친 밴친님들…….

모두가 제게는 때맞춰 내려준 단비와도 같았습니다.

그 귀한 단비를 그냥 다 흘려보내고
농사지을 물이 없다고, 땅이 타들어간다고,
하늘을 쳐다보며 원망하는 일은 없어야 할텐데…….

나는 과연 내 안에 그런 그릇을 지니고 있는지,
내린 단비를 다 가두고 담을 수 있는지,
제 자신의 저수능력을 점검해 보는
비 개인 아침입니다.

잡초

어제부터 본격적인 농사 준비에 착수했습니다.
그 첫번째 작업이 잡초 제거,
와송 심을 밭에 돋아난 풀을 뽑아내는 것이었습니다.

겨우내 내버려두었던 비닐을 걷어내고
호미를 들고 두둑에 자라난 잡초를 뽑았습니다.
잡초도 종류가 다양한지라
호미질 한 번에 쑥 뽑히는 놈이 있는가 하면
몇 번을 찍어내도 뽑히지 않는 놈도 있습니다.

송글송글 이마에 맺히는 땀을 소매로 훔쳐가며
한 두둑 한 두둑씩 뽑아 나가는데
어느 순간 그런 잡초가 애초롭게 느껴졌습니다.

알고 보면 저 잡초 또한 같은 식물인데,
한겨울의 모진 추위를 몸으로 이겨내고 돋아났는데,
단지 와송 심을 밭에서 자라났다는 이유로

꽃도 피기 전에 뽑혀서 버려져야 하니
운명이 너무 가혹하다는 생각이 들었습니다.

따지고 보면
우리 서민들의 삶 또한 저와 같은지도 모릅니다.
허리띠 졸라매고 열심히 일해도
임시직이라는 이유로 밀려나고,
치솟는 전세값에
삶의 터전마저 외곽으로 내몰리는 사람들.
움켜쥔 잡초 위로 그런 서민들의 삶이 어른거려
호미를 내려치기가 망설여지기도 했습니다.

하지만 어쩌겠습니까?
그렇다고 와송 대신 잡초를 기를 수는 없지 않습니까?
'그래, 이것이 또한 너의 생이고 운명이거늘…….'
마음을 모질게 먹고
더 열심히 호미질을 할 수밖에 없지 않겠습니까?

제비꽃

밭가에서 풀을 뽑다가 보았습니다.
돌 아래 보일듯 말듯 피어있는 키 작은 제비꽃을.

새색시의 볼처럼 수줍게 빛나는 연보랏빛 꽃,
손가락으로 툭 치면 그네처럼 흔들릴 것 같은 꽃잎.
호미질을 멈추고 가만히 바라보니
크고 화려한 꽃과는 다른 소담한 매력이 있습니다.

하지만 사람들은 이 꽃을 잘 모릅니다.
이름은 들었어도 보기가 쉽지 않습니다.
안도현 시인의 싯귀처럼
'허리를 낮출 줄 아는 사람에게만 보이기' 때문입니다.
옆에 다가와 허리를 구부리고 고개를 숙이거나
쪼그리고 앉아야 제대로 볼 수 있기 때문입니다.

그러고 보면
아름다운 것이 하늘에만 있는 것은 아닌 것 같습니다.
땅을 딛고 살아가는 크고 작은 생명들,
특히 요즘과 같은 봄에는
땅을 뚫고 올라오는 키 작은 생명들의 약동이
그 무엇보다 아름답고 싱그럽습니다.
앞만 보고, 하늘만 보고 걷느라 보지 못할 뿐입니다.

그러니 가끔은
걸음을 멈추고 고개를 숙여 땅도 봐야 한다는 것.
키 작은 제비꽃이 가르쳐 주는 삶의 지혜입니다.

편지 019 박비향

3월의 마지막 주말,
태화산 자락에도 매화꽃이 피었습니다.
붉은 꽃망울을 터트리고 활짝 피어난 홍매화,
태화산에도 그렇게 봄이 찾아들었습니다.

작은 가지 하나를 살며시 잡아당겼습니다.
펼쳐진 꽃잎 사이로 배어나오는 진한 향기.
아, 이것이 바로 박비향이구나,
저도 모르게 황벽선사의 한시가 읊조려졌습니다.

不是一番寒徹骨(불시일번한철골)
爭得梅花撲鼻香(쟁득매화박비향)
매화가 뼈를 깎는 추위를 겪지 않았던들
어찌 코를 찌르는 향기를 얻을 수 있으리오.

가만히 생각해보면 정말로 그런 것 같습니다.
같은 꽃이나 나물이라도

겨울을 이기고 돋아난 봄꽃이나 봄나물이
향도 더 진하고 약성도 훨씬 좋으니까요.

사람 또한 예외가 아닌가 봅니다.
고난과 역경을 이겨내고 일어선 사람에게서는
범상치 않은 빛과 향이 뿜어져 나오니까요.

그러고 보면 겨울은 동면의 계절이 아닙니다.
향기와 빛깔을 응축하는 잉태의 계절이요,
새로운 봄을 준비하는 진통의 시간입니다.
겨울을 어떻게 견디느냐에 따라 봄이 달라지니까요.

태화산 자락에도 봄이 성큼 다가왔습니다.
그렇다면 지난 겨울을 나는 어떻게 보냈는지,
코를 찌르는 매화의 향기를 맡으며
내 가슴속의 향내도 함께 맡아 봅니다.

버스정류장

편지 020

읍내로 나가는 길에 있는 버스정류장입니다.
이 길을 오가는 버스가 두 시간마다 한 대 꼴이라
대부분 비어 있게 마련이지만
그래도 지나칠 때면 한번씩 쳐다보게 됩니다.
정류장이 주는 정감과 추억 때문일 것입니다.

만남과 헤어짐, 그리고 기다림.
정류장에는 인생사의 희로애락이 다 있습니다.

어디론가 떠나기 위해 버스를 기다리는 사람,
그런 그를 말없이 눈물로 배웅하는 사람,
그런가 하면 설레고 들뜬 마음으로
버스에서 내릴 누군가를 기다리는 사람…….

만나고 사랑하고 헤어지는 것이 인생이라면
정류장이야말로 그 생생한 현장이 아닐 수 없습니다.
뒤돌아보면 제 기억의 정류장 또한 그러했습니다.

하지만 요즘의 정류장,
특히 시골의 정류장은 그렇지 않습니다.
늘 저렇게 텅 비어 있고,
어쩌다 한번씩
장 보러 나가는 노인네들이 오갈 뿐입니다.

그래도 마음 속의 정감이야 어찌하겠습니까?
혹여라도 말쑥한 차림의 차도녀가
선글라스를 걸치고 내리지 않을까,
습관처럼 눈은 빈 정류장을 쳐다보게 됩니다.

민들레김치

봄이 되자 태화산 마트가 다시 문을 열었습니다.
먼저 보이는 것이 냉이, 달래, 쑥, 민들레 같은 봄나물.
이제 막 땅을 뚫고 올라온 것들이라
맛도 향도 다른 어디 비교할 데가 없습니다.

집사람은 먼저 민들레를 택했습니다.
겨울을 밀어내며 언 땅을 뚫고 올라온 민들레.
그 샛푸른 맏물 잎을 뜯어다 김치를 버무렸습니다.

쌉쌀한 민들레 잎과 양념으로 버무린 민들레김치.
한 젓가락 집어 밥 위에 올려놓고 입에 넣었습니다.
쌉싸래하고, 매콤하고, 달콤하고…….
입맛을 돋군다는 것이 바로 이런 것이구나,
아~ 하는 감탄사가 저절로 튀어나왔습니다.
다른 반찬이 있어도 젓가락은 그곳으로만 쏠렸습니다.

요즘에는 민들레를 약초라고도 합니다.
해독, 항균, 소화, 간기능 개선…….
끈질긴 생명력에서 발휘되는 민들레의 효능은
일일이 열거할 수 없을 정도로 많고 다양합니다.
오감을 자극하는 쌉쌀한 맛에 몸에 좋은 효능까지…….
나른한 봄날에 이만한 반찬이 또 어디 있겠습니까?

님께서도 입맛이 다신다구요?
그러시면 태화산으로 오십시오.
봄향기 가득한 태화산 마트를 통째로 내어드리겠습니다.

터널

산으로 둘러싸인 지역이라
김삿갓 주변의 도로에는 터널이 많습니다.
이곳에서 제천까지 기껏해야 40여 킬로미터 거리지만
크고 작은 터널이 예닐곱 개나 있습니다.

도로를 달리다 터널로 들어서면 갑갑함이 엄습합니다.
꽉 막힌 사방에 시끄러운 굉음, 가늠하기 힘든 거리감…….
조명마저 시원찮으면 스산하고 무섭기도 합니다.
처음 차를 끌고 나온 새내기 운전자에게는
그야말로 공포의 대상이 될 수도 있습니다.

하지만 빠져나오고 나면 세상이 달라 보입니다.
하늘은 더 밝고 환하게 빛나는 것 같고,
큰 산을 넘어온 것 같은 희열을 느낍니다.
길이가 길면 길수록 더더욱 그러합니다.

인생의 길에도 터널이 있습니다.

뭐 하나 제대로 되는 게 없는 꽉 막힌 상황,
불빛도 없고 출구도 보이지 않아 숨이 막힐 것 같은,
암담하기만 한 생의 터널이 있습니다.
돌아보면 제게도 그런 시간과 공간이 있었습니다.

하지만 아무리 긴 터널이라도 끝은 있게 마련,
결국은 시간의 차이가 아닌가 싶습니다.
그리고 터널을 빠져나왔을 때의 감격과 희열 또한
그것을 견딘 시간에 비례하는 것 같습니다.

경기침체는 계속되고 삶은 더욱 팍팍해지는 요즈음,
우리 같은 서민에게는
그야말로 깊은 터널 속이 아닐 수 없습니다.

그래도 견디고 견디다 보면
언젠가는 앞이 훤하게 밝아오지 않겠습니까?
달리고 달리면 터널은 끝나게 마련이고
신 또한 견딜 수 있는 고통만 준다고 했으니까요.

그래서 저는 터널로 들어서면
가속기 페달을 더욱 힘차게 밟아 누릅니다.

편지 023

청록다방

님께서도 어쩌면 이 다방을 기억하실지 모르겠습니다.
그렇습니다.
안성기와 박중훈 하면 떠오르는 영화,
스타와 매니저의 따스한 이야기를 그린 영화,
〈라디오스타〉에 나왔던 영월읍내의 청록다방입니다.

오랜만에 다방을 보니 감회가 참 새로워집니다.
커피숍이나 카페에 밀려 지금은 보기도 힘들지만
제가 젊었을 때만 해도 다방이 대세였습니다.

대학 새내기 때 첫 미팅을 한 곳도 다방이었고,
오지 않는 누군가를 기다리며
문을 닫을 때까지 앉아있던 곳도 다방이었습니다.
구질구질하게 비가 내리는 날이면
강의실 대신 죽치고 앉아있던 곳이기도 했습니다.
인연도 많고, 사연도 많고, 추억도 많은,
인생의 정류장 같은 곳이 아니었나 싶습니다.

그런 다방이 이제는 보기조차 힘들어졌으니…….
지나간 제 젊음 또한 그런 것 같아
쓸쓸하고 아쉬운 마음 감출 수 없습니다.
그래도 저렇게 성업(?)중인 다방이 있으니
한탄만 하고 있을 필요는 없겠지요.

수족관 옆에 자리를 잡고 앉아 커피 한잔 마시며
조용히 지난 시절을 반추해보고 싶어집니다.
낡은 스피커에서 흘러나오는 '비와 당신'을 들으며…….

이젠 당신이 그립지 않죠. 보고 싶은 마음도 없죠.
사랑한 것도 잊혀가네요. 조용하게.
알 수 없는 건 그런 내 맘이 비가 오면 눈물이 나요.
아주 오래 전 당신 떠나던 그날처럼…….

오늘

오늘 아침 바라본 마당 아래의 산딸기 나무입니다.
매일 보는 거 뭐 새로울 게 있냐 싶겠지만, 아닙니다.
자세히 보면 어제와는 또 다른 모습입니다.

색도 한층 짙어지고 잎도 더 많이 자랐습니다.
모양이나 크기도 어제와는 분명 차이가 있습니다.
이렇듯 자연은 하루하루가 나날이 새롭습니다.
단 하루도 같은 모습을 반복하지 않습니다.

알고 보면 우리의 하루 또한 마찬가집니다.
매일매일 똑같은 나날이 반복되는 것 같지만
단 하루도 같은 날이 없습니다.
오늘은 분명 어제와 다른 하루이고,
내일은 또 오늘과 다를 것입니다.
그렇기에 오늘은
내 생에 처음 있는 날이자 마지막 날입니다.

그런데도 저는,

오늘을 무수히 많은 날 중의 하나로 취급했습니다.

허구헌 게 날인데, 시간이 좀 먹냐?

오늘 못 하면 내일 하면 되지…….

내일 안 되면 모래 하면 되고…….

하루하루가 새로운 저 나무를 보고 있으려니

그런 제 자신이 한없이 부끄러워집니다.

이제부터라도 그러지 말아야겠다, 다짐하게 됩니다.

그런 다짐으로

제 가슴의 노트에 또 한 귀절의 좌우명을 새깁니다.

오늘은 분명 어제와는 다른 하루요

내일 또한 오늘이 될 수 없다는 것을…….

오늘은 내 생에서 처음으로 도래한 날이자

다시는 오지 않을 마지막 날이라는 것을…….

봉오리

어제 아침 산에 오르다 마주친 녀석입니다.
나무의 이름도 모르고, 어떤 꽃이 피는지도 모르지만
동그랗게 말아올린 꽃봉오리가 너무 예뻐
걸음을 멈추고 핸드폰을 꺼내 들었습니다.

주변에 활짝 핀 꽃도 많은데
왜 아직 피지도 않은 이 봉오리에 시선이 가는지…….
나름대로 생각을 더듬어 보니
정현종 님의 이 싯귀 때문이 아닌가 싶습니다.

>   모든 순간이 다아 꽃봉오리인 것을,
>   내 열심히 따라 피어날 꽃봉오리인 것을.

생각해보면 정말로 그런 것 같습니다.
지금 내가 맞고 있는 이 순간,
지금 내가 하고 있는 이 일 또한
인생의 꽃을 피우기 위한 준비요 과정이니까요.

언제 어떤 꽃으로 피어날지는 모르지만
저런 봉오리 하나 늘 가슴에 품고 있기에
인생은 그래도 살 만한 것이 아닌가 싶습니다.

저 봉오리는 머지 않아 꽃을 피우겠지요.
하지만 제 가슴 속 봉오리는
오래 오래 저런 봉오리로 남았으면 좋겠습니다.

만개의 화려함보다
개화를 기다리는 두근두근한 설레임.
인생의 참맛은 바로 거기에 있으니까요.

편지 026 그룹 태화산?

산중에 살다 보니 기타를 배우고 싶어졌습니다.
깊어가는 가을밤,
찾아온 벗들과 모닥불 앞에서 노래라도 흥얼거리려면
통기타 정도는 칠 수 있어야 하지 않겠습니까?
때마침 비슷한 생각을 하는 동료들이 있어
이웃 교회 목사님을 강사로 모시고
일주일에 두세 시간씩 기타를 배우고 있습니다.

처음에는 그저 반주나 할 수 있으면 좋겠다는 생각이었습니다.
시간이 지나면서 사람이 늘고 드럼까지 곁들이게 되자
생각은 주제넘게도 그룹으로 향했습니다.
나는 기타, 너는 베이스, 드럼은 S, 건반은 K…….
그럼 보컬은?
보컬은 얼굴이니 때가 되면 오디션으로 뽑자…….
아직 코드도 제대로 잡지 못하고,
겨우 4비트 8비트 정도 두드리는 완전 초짜지만
그래도 시작이 반이라고 하지 않았습니까?

올해 안 되면 내년에,
내년에 안 되면 후년에라도
지역내 농장을 순회하며 공연을 벌이는
'그룹 태화산'이 발족될 수도 있지 않겠습니까?
혹여라도 보컬에 자신 있는 님이 인근에 계시면
관심을 갖고 지켜봐 주십시오.
저희들의 연주가 일정 수준이 되면
오디션을 통해 메인 보컬로 모시겠습니다.
다만, 그날이 언제가 될지는
장담할 수 없다는 말씀 또한 함께 드리겠습니다.

벚꽃

영춘 읍내로 들어서는 입구의 벚꽃나무입니다.
며칠 전까지만 해도 세상을 하얗게 물들였는데
어느새 꽃은 떨어지고 푸른 잎이 돋아났습니다.

그런가 하면 늘 꽃을 달고 있는 나무도 있습니다.
춘천 의암공원에서 보았던 벚꽃나무입니다.
꽃은 물론 나무까지 만들어 심은 조형물입니다.

둘의 차이는?
그렇습니다. 생(生)과 사(死)입니다.
살아있는 것은 변하기 마련이니
변한다는 것이야말로 살아있다는 증거입니다.

"사랑이 변하니?"
어쩌면 님도 기억하고 계시는 광고 카피입니다.
그렇습니다. 사랑도 변합니다.
꽃이 피면 지듯 사랑도 시간이 지나면 시듭니다.

사랑 또한 살아있는 사람의 감정이기 때문입니다.

실제로 사랑의 감정을 불러일으키는
세로토닌과 테스토스테른이라는 성 호르몬 또한
시간에 따라 감소한다는 연구 결과도 있지 않습니까?

어디 사랑뿐이겠습니까?
살아있는 모든 것이 그렇지 않겠습니까?

그래서 중요한 것이 의지가 아닌가 싶습니다.
내 아내인데, 내가 사랑하는 사람인데,
내게는 둘도 없는 친구인데…….
약해지는 감정을 붙들고 채워주는 것이 의지이니까요.

시작은 감정으로 하지만 결국은 의지로 사는 것.
반백을 살고 보니 삶은 그런 것 같습니다.

금낭화

처음에는 그저 예쁘고 청초한 꽃으로만 보였습니다.
기껏해야 이름처럼 비단주머니 정도 연상되었습니다.
저렇게 예쁜 꽃 속에
그토록 서러운 사연이 있을 줄은 미처 몰랐습니다.

저 꽃의 다른 이름이 며느리밥풀꽃이랍니다.
밥이 되었는지 보기 위해 밥알 몇 개 입에 넣었다가
시어머니에게 맞아 죽은 며느리.
그 무덤가에 피어났다 해서 붙여진 이름이랍니다.

얼마나 한이 맺혔는지,
꽃모양마저 입에 밥알을 물고 있는 모습이라는데
자세히 보니 그런 것도 같습니다.
또 어찌보면 덩그러이 고인 눈물방울 같기도 합니다.

알고 보면 꽃이 지닌 이야기 중에는
슬프고 서글픈 사연들이 참 많습니다.

슬픔을 슬픔으로 가슴 속에 묻는 것이 아니라
아름다움으로 승화시켜 극복하는,
조상들의 지혜 덕분이 아닌가 싶습니다.

우리도 누구나 크고 작은 슬픔을 간직하고 있습니다.
하지만 애써 감추고 외면합니다.
부끄럽다고, 아프다고 입에 담기조차 주저합니다.

하지만 슬픔은 묻으면 묻을수록 더 커지는 법.
아프지만 꺼내서 승화시키고 극복할 때
저 금낭화처럼 아름다운 꽃이 될 수 있다는 것.
'찬란한 슬픔의 봄'에 깨닫는
또 하나의 삶의 교훈입니다.

편지 029

원혼

우리의 몸에는 영혼이 깃들어 있다고 합니다.
죽으면 눈에 보이는 육신은 없어지지만
보이지 않는 영혼은 몸에서 빠져나와
본래의 세계로 돌아간다고 합니다.
상례라 해서 망자에 대해 예의를 갖추는 것은
그 길을 배웅하고 축원하기 위함입니다.

하지만 억울하게 죽거나 상례를 치르지 못하면
영혼은 돌아가지 못하고 길을 잃고 헤맵니다.
한이 맺힌 원혼이 되어 떠돌다가
때로는 귀신으로, 또 때로는 저주로 나타납니다.

열일곱 어린 나이에 삼촌에게 왕위를 빼앗기고,
머나먼 영월땅으로 쫓겨와 사약을 받고 승하하신 단종.
거기에 세조의 지시로 상례조차 치르지 못했으니
그 혼백이 얼마나 억울하고 한이 맺혔겠습니까?

어제 이곳 영월에서는 단종의 국상을 치렀습니다.
우리 역사에서 유일하게 장례를 치르지 못한 임금,
단종대왕의 그 피맺힌 원혼을 달래기 위해
6년 전, 550년 만에 영월군민들이 치루어 드렸습니다.
그것이 하나의 문화제로 자리를 잡아
이제는 단종제의 메인 행사로 재현하고 있습니다.

550년 만에 상례를 치뤄준 영월군민들에 대한
단종대왕의 보답일까요?
언제부턴가 장릉(단종릉)에 와서 참배를 하면
원하는 것이 이루어진다는 소문이 생겼습니다.
단종대왕의 혼백이 도와준다는 것입니다.

가까운 곳에 있으니
소문의 진위를 확인하기 위해서라도
저도 조만간 참배를 다녀올 생각입니다.

밑져야 본전인데
님께서도 한번 해보시는 것이 어떻겠습니까?

편지 030

연

어제 행사장 옆의 동강 둑길에서 본 연입니다.
엄마를 따라나온 꼬마 녀석이 날리는 연,
동강의 하늘을 멋지게 날고 있는 연을 보니
요즘 기타로 연습하고 있는 노래가 생각났습니다.

> 풀 먹인 연실에 내 마음 띄워 보내
> 저 멀리 외쳐본다.
> 하늘 높이 날아라, 내 맘마저 날아라
> 푸른 꿈을 싣고 날아라…….

새처럼 하늘을 날고 싶다는 인간의 욕망.
그 꿈을 실어 날린 최초의 도구가 연이라지요.
그것이 발전하고 발전해 비행기까지 되었으니
저 연이야말로 비행기의 원조인지도 모르겠습니다.

그러고 보면 나폴레옹의 말처럼
불가능이란 애당초 없는 것인지도 모릅니다.

시간이 걸리고 힘이 들어 견디지 못하는 것을
듣기 좋게 불가능이라 부르는 것 같습니다.
그리고는 그것을 이유로 욕망조차 하지 않습니다.

생각해 보면 나이와 욕망은 반비례합니다.
나이가 들수록 원하는 것, 꿈꾸는 것이 줄어들고
욕망이 제로가 될 때 생명의 시계도 멈춥니다.

그러니 늙지 않기 위해서는 부단히 욕망해야 합니다.
하고 싶은 게 많아야 하고, 할 일이 넘쳐야 합니다.
불가능한 것일지라도 꿈을 꿔야 하고,
그 꿈을 저 연에 실어보내야 합니다.
산다는 것은 곧 욕망하는 것이니까요.

동강을 따라온 바람이 거세게 불자
연은 꼬리를 흔들며 더욱 세차게 날아 오릅니다.

비록 꼬마의 연이지만
그 한쪽 귀퉁이라도 빌려
제 꿈도 듬뿍 실어 날려야겠습니다.
저 또한 늙기는 싫으니까요.

편지
031

나룻배

얼마 떨어지지 않은 곳에 현대식 다리가 있지만,
김삿갓에는 아직도 이런 나룻배가 남아 있습니다.
남한강이 가로막은 섬 같은 땅,
산으로 둘러싸여 돌아갈 수도 없는 땅과 왕래하는
유일한 교통수단입니다.

지나갈 때마다 한번 타보고 싶었는데,
모처럼 기회가 되길래 차를 세우고 내렸습니다.
노 대신 줄을 잡아당겨 이동하는 나룻배.
바위에 묶어놓은 줄을 붙잡고 배 위에 올랐습니다.

작고 가볍기 때문인지,
발을 딛고 오르자 배는 중심을 잃고 흔들거렸습니다.
때마침 강바람이 일자 더욱 세차게 일렁거렸습니다.
그럴수록 제 손은 더욱 힘껏 줄을 움켜잡았습니다.

만약 이 줄이 없다면,

잘못해 이 줄을 놓치기라도 한다면,
이 줄이 낡고 헤어져 끊어지기라도 한다면…….

줄을 당겨 나아가는 동안
제 머릿속에는 그런 생각이 가득했습니다.
등골이 오싹해지고 손에 힘이 들어갔습니다.

생각해보면 인생이란 강에도 줄이 있습니다.
저 강물처럼 굽이치는 세파 속에서
내가 붙잡고 가야 할, 나를 지탱해 줄 수 있는 밧줄.
학연이니 지연이니 해서 부정적 의미가 강해졌지만
믿고 따를 수 있는 스승이나 마음이 통하는 벗.
그런 밧줄 하나 붙잡지 못한다면
인생은 방향을 잃고 표류하기 십상입니다.

그렇다면 나는 그런 밧줄을 잡고 있는가?
저 밧줄처럼 굵고 튼튼한가?
낡고 헤어져 끊어지지는 않겠는가?

나룻배의 밧줄을 잡아당기며
내 인생의 밧줄 또한 가만히 당겨봅니다.

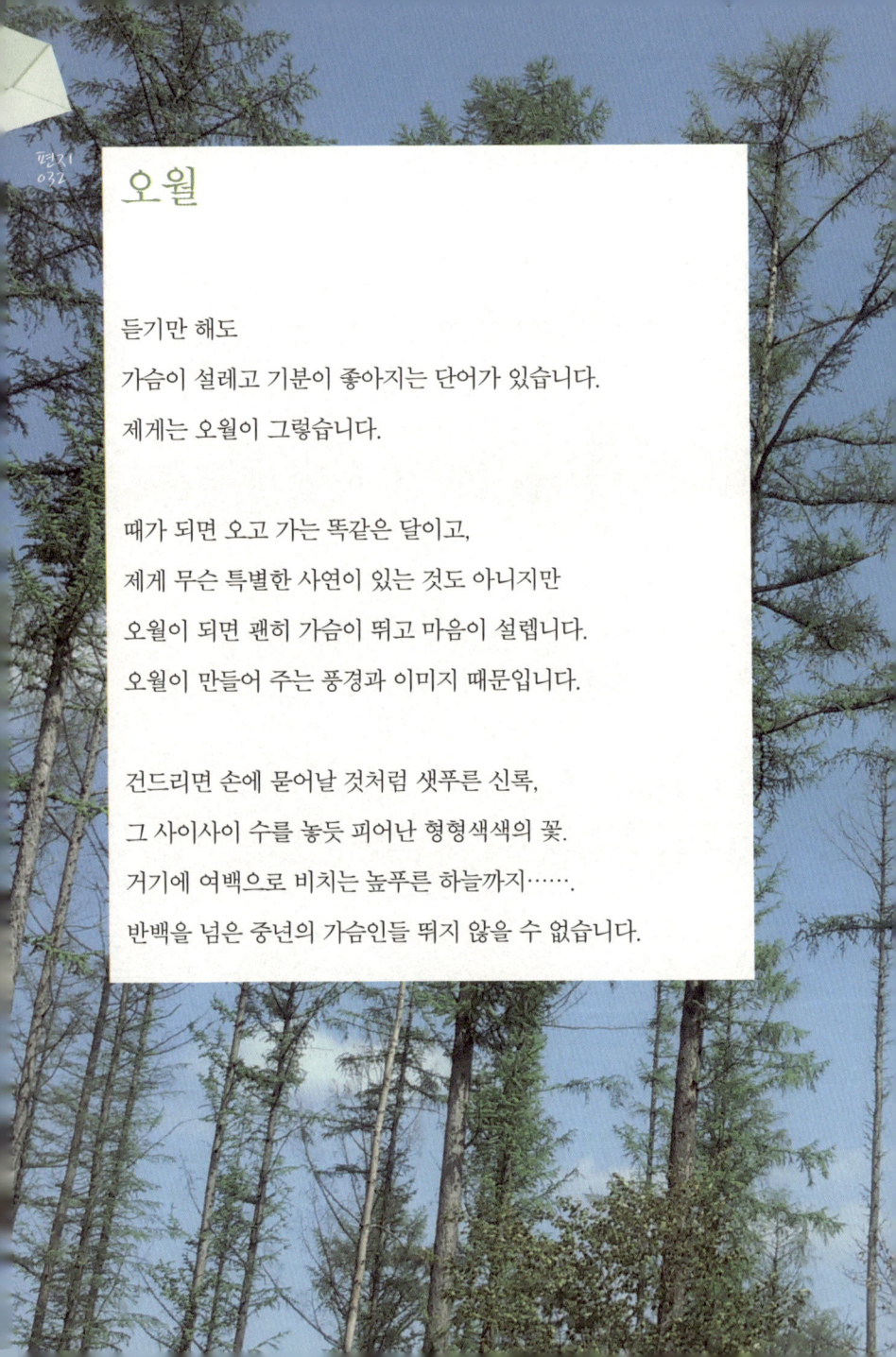

오월

듣기만 해도
가슴이 설레고 기분이 좋아지는 단어가 있습니다.
제게는 오월이 그렇습니다.

때가 되면 오고 가는 똑같은 달이고,
제게 무슨 특별한 사연이 있는 것도 아니지만
오월이 되면 괜히 가슴이 뛰고 마음이 설렙니다.
오월이 만들어 주는 풍경과 이미지 때문입니다.

건드리면 손에 묻어날 것처럼 샛푸른 신록,
그 사이사이 수를 놓듯 피어난 형형색색의 꽃.
거기에 여백으로 비치는 높푸른 하늘까지…….
반백을 넘은 중년의 가슴인들 뛰지 않을 수 없습니다.

생각해보면 사람 중에도 그런 사람이 있습니다.
뛰어난 재주나 재능이 있는 것도 아닌데,
나와 특별한 인연으로 얽혀진 것도 아닌데,
보기만 해도 기분이 좋아지고 미소가 지어지는,
저 오월과 같은 사람 말입니다.

또다시 맞이한 오월의 첫날 아침입니다.
태화산의 저 샛푸른 오월의 신록처럼
님과 저 또한
서로의 가슴을 뛰게 하는,
저 오월과 같은 사람이면 좋겠습니다.

꽃이 지는 자리

며칠 전만 해도 그렇게 곱고 화사했는데…….
시간이란 놈 앞에서는 도화도 어쩔 수 없나 봅니다.
색은 바래지고 꽃잎은 오그라들어
별 볼일 없는 흉물이 되어 버렸습니다.
열흘 붉은 꽃이 없다더니
만개의 영화는 허무하게 지나가 버렸습니다.

세상 일이 다 그런 거지…….
너무도 허망하다는 생각 때문인지
저도 모르게 체념 섞인 한마디가 튀어 나왔습니다.

하지만 꽃이 지는 그 자리를 가만히 바라보고 있으니
허망감은 사라지고 잔잔한 기쁨이 찾아듭니다.

시들고 바래져 보기에도 흉한 자리,
꽃이 지는 그 자리야말로
열매가 열리는 자리이기 때문입니다.

그렇습니다.
꽃이 져야 열매가 열립니다.
만개의 화려함에서는 결실을 맺을 수 없습니다.

그렇기에 꽃이 지는 저 자리는
슬픔의 자리가 아니요, 허무의 자리도 아닙니다.
탐스런 결실을 위한 인욕의 자리입니다.

인생 또한 마찬가지가 아닌가 싶습니다.
화사하게 피어나는 개화의 시기가 있다면
시들고 오그라드는 낙화의 시기가 있습니다.

부끄럽고 보기 흉해 감추고만 싶은 낙화의 자리.
하지만 인생의 결실 또한 바로 그 자리에서 열립니다.
어려움을 겪어봐야 철이 든다는 속담 또한
그것을 지칭하는 또다른 표현일 것입니다.

그러니 꽃이 진다고 서러워할 것이 아닙니다.
비로소 결실의 시기가 도래했음을 인식하고
제대로 된 열매가 열릴 수 있도록
스스로 자양분이 되고 밑거름이 되어야 합니다.
저 복숭아꽃이 그러하듯이 말입니다.

편지 034 작물과 잡초

"일부러 심은 작물은 툭하면 말라 죽는데
이놈의 잡초는 뽑아도 뽑아도 또 나오니……."
밭에서 풀을 뽑다 지친 이웃 주민의 하소연입니다.

듣고 있던 저도 몇번이나 고개를 끄덕였습니다.
저 역시 수시로 경험하는 현상이기 때문입니다.
그러면서 나름대로 원인을 따져 보았습니다.
왜 잡초는 강하고 작물은 약한지…….

제가 내린 결론은 야생과 재배의 차이입니다.
야생의 잡초에게는 환경에 대한 내성이 있습니다.
혹독한 자연 속에서 스스로를 단련했기 때문에
어떤 상황에서도 살아남을 수 있습니다.

작물도 처음에는 그러했을 것입니다.
하지만 더 많은 수확을 위해 사람들이 뿌려주는
비료와 농약에 중독되면서 내성이 약해졌습니다.

때 맞춰 비료를 주니
양분을 찾아 뿌리를 뻗지 않게 되었고,
농약을 뿌려 막아 주니
병해충과 싸울 일도 없어졌습니다.

그렇게 안주하면서 본연의 야생성이 사라져
스스로의 힘으로는 생존조차 어려운,
의존적인 작물이 되고 말았습니다.

돌아보면 사람 중에도 그런 사람이 있습니다.
회사 일 말고는 무엇 하나 하는 게 없는 사람,
아내가 없으면 끼니조차 잇지 못하는 사람,
혼자 있으면 불안해 단 하루도 견디지 못하는 사람…….
자신도 모르게 생활에 길들여진 사람들입니다.

그렇다면 나는 어떤지 생각해 봅니다.
내게는 잡초같은 야생성이 남아 있는지,
어떤 상황에서도 살아남을 힘이 있는지…….

마음 같아서는 그렇다고 소리치고 싶은데
목소리가 나오지 않는 것은
나 또한 저 작물처럼 길들여진 때문이 아닌지…….

작물밭의 잡초를 뽑아내며
오히려 잡초를 닮고 싶다는
왠지 앞뒤가 맞지 않는, 오월의 단상입니다.

깻묵

얼마 전,
지난 가을 수확한 들깨를 가지고
읍내에 있는 방앗간을 찾았습니다.
들기름을 짜기 위해서였습니다.

기계에 살짝 볶아 통에 넣고 스위치를 누르자
고소한 냄새와 함께 줄줄 흘러내리는 들기름.
저 기름에 깨소금 뿌려 나물이라도 무쳐 먹었으면…….
저도 모르게 입안에 군침이 돌았습니다.

하지만 그것은 잠시,
제 시선은 뒤쪽의 깻묵으로 향했습니다.
육중한 기계에 찧어져
한 방울의 기름까지 다 내어주고
볼품없는 껍질로 버려지는 깻묵들…….

가만히 그 모습을 보고 있자니
그 위로 어머니의 모습이 겹쳐졌습니다.

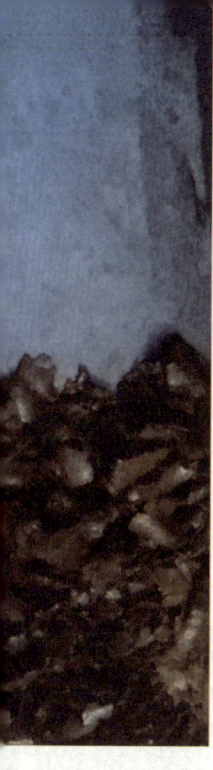

산중으로 내려와 농사를 짓고 있다 하니
제대로 먹지도 못할 것이라 지레짐작하고
몇 푼 안 되는 연금을 모아 용돈이라며 내미는 노인.

지난번 단종제 행사 때에는
가쁜 숨을 몰아쉬며 찾아와
그래야 잘 된다며,
기어코 장아찌 한 병 사주고 가시던 노인.

그런 어머니의 모습이 꼭 저 깻묵과 같아
코끝이 시큰거리고 눈시울이 뜨거워졌습니다.

또다시 맞이한 어버이날.
가까이 있으면서도 바쁘다고 자주 찾지 못했는데
오늘만큼은 만사를 제쳐두고라도 달려가야겠습니다.

지난번에 짠 저 들기름에 어수리나물 팍팍 무쳐
따뜻한 밥 한 끼 같이 하며
거칠어진 손이라도 한번 잡아드려야겠습니다.

잡초와 약초

어수리 밭에서 풀을 뽑다 보면
종종 손을 멈추고 갈등을 하는 경우가 있습니다.
뽑아야 할까, 아니면 그대로 두어야 할까…….
민들레나 고들빼기 같은,
몸에 좋다는 약초가 있을 때입니다.

하지만 갈등은 오래 가지 않습니다.
어쩌랴, 여기는 네가 있을 자리가 아닌데…….
조금 아깝기는 하지만 이내 뽑아서 버립니다.

그러고 보면
잡초냐 약초냐를 결정하는 것은
식물 그 자체가 아닙니다.
그가 뿌리내린 자리입니다.

괜찮은 맛과 효능을 지닌 민들레나 고들빼기도
어수리 밭에서는 뽑아버려야 할 잡초에 불과합니다.
어수리 또한 고들빼기 밭에서는 마찬가지일 것입니다.

사람에게도 자기에게 맞는 자기 자리가 있습니다.
그 자리를 찾아 그곳에 뿌리를 내리면
아름다운 꽃을 피우고 탐스런 열매를 맺지만,
제 자리를 버리고 남의 자리나 기웃거리면
저 잡초처럼 뽑혀서 버려질 수밖에 없습니다.
나름의 능력과 재주를 지녔다 해도 말입니다.

이미 뿌리를 내려 어찌할 수 없다구요?
그렇다고 방법이 없는 건 아닙니다.
조금 어렵기는 하지만
그들을 압도할 정도로 능력을 키우면 됩니다.

어수리 밭에 자랐다고 산삼을 뽑아 버리는,
그런 멍청이는 없을 테니까요.

명과 암

잠자리에서 일어나면 제일 먼저 하는 일이 있습니다.
물을 끓여 양손을 찜질하는 일입니다.
손가락에 어혈이 뭉쳐 뻣뻣하기 때문에
매일 아침 뜨거운 물로 맛사지를 하고 있습니다.

귀농 이후 제일 고생한 것이 양손입니다.
야산으로 버려진 땅을 일궈 밭을 만드느라,
어수리를 비롯해 각종 작물을 심고 가꾸느라,
땔감으로 쓸 나무를 베고 자르고 패느라 무던히도 고생했습니다.
평생 펜대만 잡던 손이 그렇게 고생을 하니
어찌 무리가 가지 않겠습니까?
벌겋게 어혈이 뭉쳐 주먹이 쥐어지지 않았습니다.
하지만 쉴 수가 없었습니다.
한의원을 찾아 침을 맞고 찜질을 하면서도
낫을 잡고 곡괭이를 휘둘렀습니다.
그러한 상황이 반복되면서 만성으로 굳어져
조석으로 찜질을 해야 하는 상황이 되었습니다.

제가 올리는 편지를 읽고 많은 분들이 답글을 주십니다.
부럽다, 도인 같다, 매일 휴가를 보내는 것 같다…….
하지만 명이 있으면 암이 있고, 득이 있으면 실이 있습니다.
마네킹의 뒤에 무수한 침이 꽂혔듯
부러워 보이는 삶의 이면에는 힘든 노동과 고통이 있습니다.
그러니 귀농 또한 선택의 문제가 아닐 수 없습니다.
암과 실을 감수하고도 선택할 정도로
명과 득이 크다면 바람직하겠지만
그렇지 않을 경우 잘못된 선택이 될 수 있습니다.
행복을 위한 선택이 더 큰 불행이 될 수 있습니다.

다행히 저는 충분히 감내할 수 있습니다.
그렇기에 어혈이 뭉쳐진 제 손은
고통의 표시가 아니라 새로운 삶의 상징입니다.
자랑스럽게 내어보일 영광의 상처입니다.
그래서 이렇게 사진을 찍어 님 앞에 공개합니다.

이팝꽃

때 아닌 5월에 함박눈이 쏟아진 줄 알았습니다.
저 이팝꽃을 본 순간 말입니다.
겹겹이 돋아난 하얗고 길쭉한 꽃잎들.
그 모양이 그릇에 담긴 이밥(쌀밥) 같다 해서
그런 이름이 붙여졌다지요.

저 꽃이 피는 시기가 모내기철이랍니다.
보릿고개라 불리던 배고프던 시절,
모를 내는 농부들의 마음은 하나였을 겁니다.
하얀 이밥 한번 실컷 먹어봤으면…….
그런 농부들의 눈에 비친 것이 저 꽃이었으니
이밥처럼 보일 만도 하지 않겠습니까?

그래서일까요.
농부들은 저 꽃을 보며 결실을 점친다고 합니다.
저 꽃이 흐드러지게 피면 풍년이 들고
그렇지 못하면 농사도 시원찮다고 말입니다.

저 꽃이 필 때의 기상이나 날씨가
벼농사에 큰 영향을 미친다고 하니
막연한 감상으로 하는 얘기만은 아닌 것 같습니다.

말로만 들었지 저도 처음 본 이팝꽃이
저렇듯 탐스러우니
올해 제 농사는 분명 대풍이 될 것 같습니다.

제 농사 중에서 가장 큰 농사가 님과의 관계.
올 가을 님과 저 사이의 인연이
저 꽃처럼 탐스럽게 결실을 맺으리라 생각하니
제 가슴에도 이팝꽃이 활짝 피어나는 것 같습니다.

천년초

세상에는 헤아릴 수 없이 많은 식물이 있습니다.
하지만 선인장처럼 유별난 식물도 없는 것 같습니다.
잎은 없고 줄기가 전부인 몸,
그 위에 피어나는 꽃이나 열매까지…….
무엇 하나 일반적인 식물과 같은 게 없습니다.

공동체 회원들과 트레킹을 하다
밭에 있는 천년초를 보고 걸음이 멈춰진 것도
어쩌면 그 때문인지 모르겠습니다.

보기에 따라서는 기형적이기도 한
그 모습에 이끌려
옆에 쪼그리고 앉아 한참을 쳐다보았습니다.

우리나라 토종이라는 손바닥 선인장.
한번 피면 천 년을 간다 해서 천년초라 불린다지요.
찌는 듯한 더위에도, 영하 20도의 혹한에도
꽃을 피우고 열매를 맺는다고 합니다.

선인장도 처음에는 저렇지 않았답니다.
무덥고 황폐한 사막에서 살아남기 위해
한 방울의 물조차 아끼고 아끼다 보니
잎이 퇴화되어 저렇게 변한 것이라고 합니다.
그러니 선인장의 저 기형적인 모습이야말로
천 년을 살아가는 강인한 생명력의 원천이 아닐는지요.

까무잡잡한 피부에 주름 투성이의 얼굴,
돌처럼 단단한 손에 작고 야무진 몸매.
정도의 차이는 있겠지만
자수성가한 분들의 일반적인 모습입니다.
우리 서민들의 보편적인 모습이기도 합니다.
어렵고 힘든 세상 속에서 치열하게 살다보니
자연스레 그렇게 변해가는 것 같습니다.

그러니 얼굴이 시꺼멓고 주름이 진다는 것은,
손이 거칠고 각질이 인다는 것은
부끄러운 일도 아니요, 안타까운 일도 아닙니다.
내놓고 자랑할 일은 아니라 해도
감추고 숨길 필요도 없습니다.

그것이야말로
내가 열심히 살고 있다는 징표요,
그 결과일 수 있으니까요.

아카시아

편지 040

오월의 꽃 하면 뭐니뭐니 해도 아카시아입니다.
짙어가는 녹엽 사이로 하얗게 피어난 꽃,
어디에나 지천이지만 품위와 격조를 잃지 않는 꽃,
청초한 꽃잎 속에 농염한 꿀 향기를 감춘 꽃송이가
오월의 여왕으로 조금도 손색이 없습니다.

그래서일까요?
저 또한 아카시아를 볼 때마다 한 여인이 떠오릅니다.
대학시절 길거리에서 우연히 스쳐간 여인,
옷깃도 마주치지 못했지만
얼핏 본 그 인상이 저 아카시아를 닮아
그날 밤 부치지도 못하는 獻詩를 쓰게 만든 여인…….

이제는 반백을 넘은 중년의 삶이지만
그래도 그때의 그 감성이
조금이라도 남아 있었으면 하는 바람에서
30년 전에 끄적거린, 그 부끄러운 獻詩를 꺼내

다시 한번 조용히 읊조려봅니다.

아카시아

1.

살포시 닿는 5월의 내음
한 그루 아카시아

지나온 시절이 못내 아쉬워
뒤돌아보면
너는 차창으로 스쳐간 여인

밤새 꿈꾸었던 무수한 이야기들
잠 깨면 산산이 흩어져도
쏟아지는 별빛을 받아마시며
또 한 귀절의 詩를 쓴다.

까끄라기 이는 도시 한복판
깊이 뿌리내린

한 그루 아카시아

2.

사금파리 반짝이는 거리에서
보는 이 없이 바람에 흔들려도
잎새에 비 내릴 때면 5월을 그린다.

바라보면
건널목 건너 花村에는
날개 달린 꽃도 피건만

민둥산 언저리
희미한 별빛으로 다가와 감싸는
사랑의 들러리

이 밤도 이슬비 내려
얼룩진 추억을 되새김하는
키 작은 아카시아.

링-반데룽

산에 자주 오르다 보니
이따금 길을 잃고 헤맬 때가 있습니다.
심하면 산에 홀리기도 합니다.
그것을 전문용어로 링-반데룽이라 한다지요.

며칠 전에 바로 그런 경험을 했습니다.
지역 탐사차 조금 깊은 산에 올랐다가
녹엽이 울창한 숲속에서 길을 잃었습니다.

그만 내려가야겠다 싶어 길을 찾아 나섰는데
그럴수록 점점 더 미궁 속으로 빠져들었습니다.
저쪽이 맞는 것 같아 내려가 보면 처음의 그 자리이고,
이쪽 방향을 택해 똑바로 걷는다고 걸어도
정신을 차리고 보면 다시 그 자리로 돌아왔습니다.

한참을 그렇게 헤매고 나니
이래서는 안 되겠다는 생각이 들었습니다.

잠시 바위 위에 걸터앉아 숨을 고른 다음
내려가는 길을 찾는 대신 능선으로 올라갔습니다.
그 위에서 사방을 보고 방향을 잡은 뒤에야
제대로 길을 찾아 내려올 수 있었습니다.

가만히 생각해보면 링-반데룽 현상은
인생이란 산에서도 나타나는 것 같습니다.

〈마이웨이〉란 노래의 가사처럼
아주 멀리 왔다고 왔는데도 돌아볼 뒤가 없고,
정말 높이 올랐다고 올랐는데도
내려다볼 아래가 없습니다.

뛰고 달려도 늘 그 자리에서 맴도는 생의 링-반데룽.
그럴 때는 잠시 걸음을 멈추고
숨을 가다듬는 게 어떤가 싶습니다.
혜민스님의 말씀처럼
멈추면 비로소 보이는 것들이 있으니까요.

능선에 올라 사방을 보고 방향을 잡듯

멈추어 내 자신을 돌아보며 방향을 찾는 것.
그것이 어쩌면
생의 링-반데룽에서 벗어나는
가장 빠른 길인지도 모르겠습니다.

밴드

일을 하다가 또 어디에 긁힌 모양입니다.
손가락에 피가 맺히더니 주르르 흘러내렸습니다.
휴지를 꺼내 닦고 보니 살점이 조금 패인 게
그냥 두면 피가 계속 흐를 것 같았습니다.

안 되겠다 싶어 마데카솔을 찾아 바르고
서랍에서 밴드를 꺼내 그 위에 붙였습니다.
그렇게 지혈을 하고 주변을 정리하는데
벗겨낸 밴드 껍질이 눈에 들어왔습니다.

밴드.
어찌보면 아무 것도 아닌 작은 접착제지만
상처에는 그만큼 유용한 것도 드문 것 같습니다.
갖다 붙이기만 하면 지혈이 되고 보호가 되니
응급처치로 그만한 것이 또 어디 있겠습니까?
집집마다 비상용으로 한 통씩 갖고 있는 것도
그 때문이 아니겠습니까?

우리의 마음도 때때로 상처를 입습니다.
힘들고 고달픈 세상에 긁혀 피가 나기도 하고
배신이나 사기를 당해 살이 패이기도 합니다.

그러니 우리의 마음에도 밴드가 필요합니다.
답답한 속을 시원하게 털어놓을 수 있는,
옆에서 들어 주고 공감해 줄 수 있는,
그래서 피를 멎게 하고 새 살을 돋게 하는
마음의 밴드 하나는 비상용으로 구비해야 합니다.
몸이 그렇듯 마음 또한
언제 어떻게 상처를 입고 피를 흘릴지 모르니까요.

저와 함께하는 이 태화산 편지가
님께도 제게도 그런 밴드가 되었으면 좋겠습니다.

소금쟁이

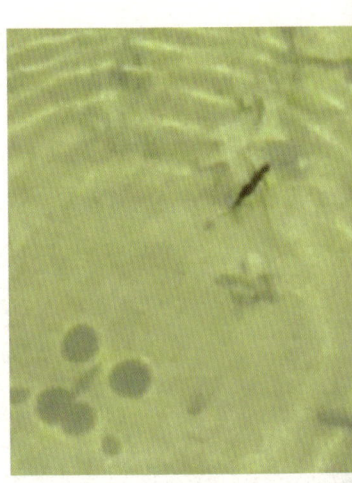

인근의 작은 웅덩이에서 보았습니다.
물 위에서 파문을 일으키며
유유히 걷고 있는 저 소금쟁이를.

가늘고 긴 여섯 개의 발로 물을 딛고
그 위에서 일상의 삶을 영위하는 수상생물.
제가 아는 지식으로는 저 녀석이 유일합니다.

소금쟁이가 물 위를 걸을 수 있는 것은
반발력 때문이라고 합니다.
녀석의 발끝에 기름기가 있는 털이 있어
그것으로 물을 밀어내며 걷는다는 것입니다.

물과 기름,
양립할 수 없는 그 대척물의 반발력이
물 위를 걷는 기적(?)을 만들어내는 것입니다.

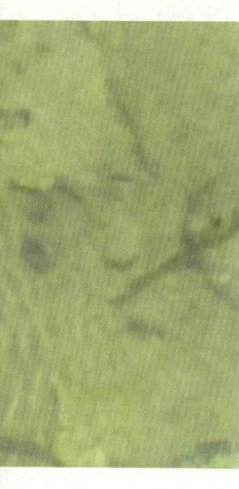

오늘날을 일컬어 통섭의 시대라고도 합니다.
문학과 과학, 기계와 예술, 자연과 인문처럼
전혀 어울릴 것 같지 않은 이질적인 것들을 융합해
새로운 가치, 새로운 문명을 만들어낸다는 것입니다.

그러니
나와 다르다고,
도무지 말이 통하지 않는다고,
무조건 외면하고 배척할 것은 아닌 것 같습니다.

정(正)-반(反)-합(合)이란 변증법 이론처럼
나와는 대척점을 이루는 사람과도
소통하고 융합할 수 있다면
새로운 나, 보다 완전한 내가 될 수 있을 것이니까요.

극단의 기름기를 이용해
물 위를 걷는 기적을 창출한
저 소금쟁이처럼 말입니다.

양귀비꽃

가까이서 직접 보니 정신이 혼미해졌습니다.
비수처럼 뇌리를 찌르는 강렬한 색깔,
꽃잎에 철철 넘치는 관능적이고 농염한 자태,
거기에 환각을 느끼게 하는 마약 성분까지 있다니…….
목석이 아닌 이상 어찌 담담할 수 있겠습니까?
이 꽃에 왜 양귀비란 이름이 붙었는지,
듣지 않아도 알 것 같았습니다.

그 이름을 빌린 꽃이 이러할진대
역사 속의 양귀비는 어떠했겠습니까,
젊어서 태평성대의 선정을 펼치던 당나라 현종을
나랏일을 팽개칠 정도로 만들어버렸으니,
그 팜므파탈의 마력이 어느 정도였을지
저 꽃으로도 미루어 짐작이 됩니다.

일설에 의하면
양귀비의 손가락이 긁히자

그것을 가리기 위해 만들어준 것이 반지요,
볼일 보러 뒷간에 가는 것이 아까워
옆에서 보도록 만들어준 것이 요강이라지요.

하지만 그런 천하의 양귀비도
결국은 현종의 버림을 받아 죽음에 이르렀으니
화무십일홍이란 말 또한 틀린 것은 아닌가 봅니다.
꽃은 지게 마련이고, 환각은 깨기 마련이니까요.

그러니
저 또한 저 꽃의 환각에서 깨어나야 하는데
아직도 선홍의 꽃잎이 눈앞에서 아른거리니
그게 그렇게 말처럼 쉬운 일은 아닌 것 같습니다.

그렇다고 너무 타박하지는 마십시오.
그저 잠시 마음만 싱숭생숭할 뿐이지
이 깊은 산중에서 무얼 어찌하겠습니까.

편지 045

그날

제가 존경하는 귀농 선배 한 분이 계십니다.
가난하고 힘없는 이들을 위해 헌신한 그분은
그런 국민들의 힘으로 대통령이 되셨고,
최고의 자리에서도 늘 서민들 편에 서셨습니다.

임기가 끝난 후에는
모든 걸 내려놓고 고향으로 돌아가셨습니다.
농사도 짓고, 주민들과 어울려 마을도 가꾸며
고향 발전, 지역 발전을 위해 애쓰셨습니다.

하지만 세상은 그런 그분을 놓아두지 않았고,
그분은, 그분과 그분을 따르던 이들을 위해
바위 위에서 스스로 몸을 던지셨습니다.
오늘이 바로 6년 전의 그날입니다.

사람 사는 세상.
그분이 꿈꾸고 가고자 했던 세상입니다.
정도의 차이는 있겠지만

귀농후 제가 추구하는 삶의 방향이기도 합니다.
님과 제가 함께 만들어가는 관계 우선의 직거래 시스템.
그것이 결국 '사람 사는 세상' 아니겠습니까.

그래서일까요.
일을 하다 힘이 들고 막막할 때면
문득문득 그분의 얼굴이 떠오릅니다.
그분이 꿈꾸던 세상인데, 생각하면
힘이 나고 용기가 생깁니다.
제가 귀농 선배로 모시는 이유입니다.

그분께서는 평소 나물을 즐겨 드셨다지요.
임금님께 드리는 나물, 어수리.
제가 직접 키우고 뜯어서 무친 어수리 나물을
제 마음 속 대통령이자 귀농 선배인
그분의 영전에 올립니다.

오늘 저녁에는
자전거 뒤에 손녀딸을 태우고 논밭길을 달리던
그분의 모습을 추억하며
저 또한 이슬이라도 한잔 해야겠습니다.

풍경소리

절에 가면 일상과 다른 몇 가지 소리가 있습니다.
염불소리, 목탁소리, 범종소리…….
그리고 빼놓을 수 없는 또 하나의 소리가
저 풍경소리입니다.

처마 끝에 매달린 자그마한 풍경.
바람이 불 때마다 물고기 추가 부딪쳐 울리는,
딸랑딸랑 소리를 듣고 있노라면
왠지 모르게 마음도 덩달아 딸랑거립니다.

물고기는 잠을 잘 때도 눈을 뜨고 있다지요.
절마다 저 물고기 풍경을 매다는 것은
물고기처럼 늘 깨어 있어야 한다는 것을
경계토록 하기 위해서랍니다.

깨어 있다는 것은 나를 인식하는 것.
나는 누구인지? 왜 사는지? 어디로 가는지?

끊임없이 묻고 질문을 던지는 것인지 모릅니다.

또다시 맞이한 석가탄신일.
저 또한 오늘 하루는 저 풍경소리를 들으며
제 자신에 대해 묻고 또 물어보겠습니다.
"한상도, 도대체 넌 누구냐?"

편지 047 들풀

계절의 여왕 5월은 뭐니뭐니 해도 꽃의 세상입니다.
철쭉에서 이팝, 아카시아, 양귀비에 때 이른 장미까지,
형형색색의 꽃이 만발해 세상을 물들였습니다.

하지만 꽃 때문만은 아닙니다.
사방천지에 돋아난 샛푸른 풀,
어느 한 사람 눈길 한 번 주지 않는
저 들풀의 역할 또한 빼놓을 수 없습니다.

저 풀의 푸르름이 없다면
백화의 화려함도 빛을 잃고 퇴색할 것이요,
5월의 영광 또한 무너져내릴 것이기 때문입니다.

꽃의 화려함에 가려 빛은 나지 않지만
그래도 묵묵히 자신의 역할을 다하는 저 풀이 있기에
5월의 세상이 밝고 싱그러울 수 있습니다.
그러니 저 들풀 또한 5월의 당당한 주역입니다.

사람 중에도 그런 사람들이 있습니다.
부와 명예와 권력의 그늘에 가려
누구 한 사람 보아 주고 알아 주는 이 없어도
묵묵히 자신의 일에 최선을 다하는,
저 들풀같은 사람들 말입니다.

세상은 어쩌면 그런 사람들로 인해
그래도 살 만한 곳이 아닌가 싶습니다.

5월도 어느새 마지막 주로 접어들었습니다.
아쉬움이 남는 이번 한 주만큼은
꽃에 가려 이름 한 번 불리지 못했던,
그래도 5월을 만든 당당한 공신인 저 들풀에게도
관심을 갖고 박수를 보내는,
그런 한 주가 되었으면 좋겠습니다.

태화산 편지

여름 편지

태화산의 여름

신록이 녹엽으로 짙어지면 태화산은 그대로 자연 마트가 됩니다. 반찬거리에서 새참거리, 안줏거리까지 온갖 먹거리가 곳곳에 자연상태로 진열됩니다.

끼니 때가 되면 쌀을 씻어 밥솥에 앉혀 놓고 마트로 나갑니다. 텃밭에서 호박을 따고, 대파를 뽑고, 고추도 야무진 것으로 몇 개 고릅니다. 상추도 먹을 만큼 몇 장 뜯습니다.

그것으로는 장국을 끓입니다. 직접 재배한 콩으로 담근 된장을 풀어 물을 끓인 다음 호박과 대파 고추 등을 설렁설렁 썰어 넣고 좀 더 끓이면 구수한 장국이 완성됩니다. 별다른 양념을 하지 않아도 맛이 살아나고 입에 착 감깁니다. 자연 그대로의 맛이기 때문입니다.

밭에서 풀을 뽑다가 입이 심심해지면 손을 놓고 밭가로 나옵니다. 언덕배기에 붉게 익어가는 산딸기를 손이 닿는 대로 따 입에 넣습니다. 옆에 있는 뽕나무 가지를 잡아당겨 다닥다닥 붙어 있는 오디도 한 움큼 따 넣습니다. 한 입 가득 입에 넣고 우물우물 씹으면 입 안 가득 번지는 시큼하고 달콤하고 새콤한 맛과 향. 그 맛에 취해 시간

가는 줄 모르고 따 먹다 보면 손에도 입에도 검붉은 물이 번집니다.

주말쯤 저녁에는 조금 일찍 일을 끝내고 산 아래 강으로 나갑니다. 강물에 발을 담그고 물속을 들여다보며 다슬기를 건져 올립니다. 바위나 돌 위에 다닥다닥 붙어 있는 다슬기, 이따금 눈에 띄는 하얀 속살의 민물조개를 잡다 보면 이내 날이 저물고 어둠이 찾아듭니다.

집으로 돌아와 갓 잡은 조개로 국을 끓여 저녁을 먹고, 삶은 다슬기를 한 바가지 담아 TV 앞에 앉습니다. 계곡가의 나무에서 꺾어온 가시로 코딱지만한 속살을 하나하나 빼 먹습니다. 담백하면서도 씁쓸하고, 쫄깃하면서도 부드러운 다슬기의 맛. 주말드라마가 끝나고 밤이 깊어가도 멈출 줄 모릅니다.

무더위가 절정을 이루는 한여름에는 수박을 따다 계곡물 속에 담가 놓습니다. 밭일을 하다 비지땀으로 범벅이 되면 옆에 있는 계곡물 속으로 뛰어듭니다. 시원하다 못해 차갑기까지 한 계곡물로 땀을 씻고, 수박을 깨 한 조각 베어먹으면 세상사 부러울 것이 없어집니다.

그런 날 밤에는 반딧불이가 어지럽게 밤하늘을 수놓고, 테라스에 나와 앉아 그 빛의 향연을 바라보고 있노라면 태화산의 여름밤은 또 그렇게 깊어만 갑니다.

출생
편지 048

보름 전 이름 모를 새 한 마리가
우편함 안에 둥지를 틀고 알을 낳았습니다.
하루 한두 개씩 나흘 동안 여섯 개를 낳았습니다.
그때부터 아침 저녁으로 다가가
우편함 속의 변화를 유심히 살펴보았습니다.
십여 일 가까이 큰 변화는 없었습니다.
아침에 다가가면
밤새 알을 품고 있던 녀석이 놀라 푸드득 날아갈 뿐
둥지 안에서는 아무런 움직임도 없었습니다.

변화가 일어난 것은 사흘 전이었습니다.
별 기대 없이 다가가 문을 열었는데,
밤새 한 녀석이 알을 깨고 나와 있었습니다.

"새는 알을 깨고 나온다. 알은 새의 세계이다.
태어나려는 자는 한 세계를 파괴해야만 한다."
문득 떠오른 데미안의 한 귀절 때문일까요?
아직 눈도 뜨지 못한 작고 연약한 생명이지만

한없이 경이롭고 신비해 보였습니다.

또 하나 새로운 것은 어미새의 행동이었습니다.
그전까지만 해도 다가가기가 무섭게 달아나던 녀석이
주변을 배회하며 제 모습을 주시하고 있었습니다.
행여 제 새끼를 어떻게 하지 않을까,
불안하고 염려되어 떠나지 못하는 어미새.
모정은 녀석들 세계에서도 다르지 않았습니다.

그리고 어제까지 여섯 마리가 모두 부화했습니다.
어미새는 바쁘게 먹이를 물어 나르고,
녀석들 모습도 하루가 다르게 바뀌었습니다.
눈도 뜨지 못하고 잠만 자던 녀석들이
카메라 소리에 입을 벌리는 등
조금씩 조금씩 움직임을 시작했습니다.
며칠 있으면 눈을 뜨고 날개를 펼치고,
또 며칠 지나면 날갯짓을 하고 비행을 하겠지요.
그렇게 하루하루 이 험한 세상에 적응해 가겠지요.

가만히 지켜보고 있으니
녀석들이나 사람이나 별 차이가 없습니다.
생명! 보면 볼수록 신기하고 경이롭습니다.

어수리 막걸리

뽀글, 뽀글, 뽀글…….
냄비 위의 찌개 끓는 소리가 아닙니다.
탄산음료의 거품소리는 더더욱 아닙니다.
항아리 속에서 술이 익어가는 소리입니다.
지난주 밑술에 다시 발효시킨 어수리 이양주입니다.

뚜껑을 열자 훅 하고 코끝에 와 닿는 향.
참새가 방앗간을 그냥 지나칠 수 있겠습니까?
국자로 한 사발 떠서 벌컥벌컥 들이켰습니다.
진한 술내음 속에 은은히 번져오는 어수리향.
둘이 먹다 하나가 죽어도 모른다는 옛말이 다시금 실감이 납니다.

술은 물과 빛과 바람의 작품이라고 합니다.
같은 술이라도 어디서 담그느냐에 따라 맛과 향이 달라집니다.
구름도 쉬어가는 산속의 슬로시티,
김삿갓의 자연이 빚은 어수리 막걸리.
그 향에 취하고 싶으시면 언제든지 오십시오.

세상이 내려다보이는 태화산 자락에서
지수화풍이 빚은 어수리 막걸리 한 사발 넉넉히 떠 드리겠습니다.

태화산 마트?

태화산에 여름이 찾아드니
마트의 상품도 많이 바뀌고 다양해졌습니다.

샛푸른 나물이 전부였던 봄과 달리
붉고 진한 빛깔의 열매들이 잇달아 출시되어
저의 눈과 입을 자극하고 있습니다.

이름만 들어도 아랫도리가 '후달리는' 산딸기,
이미숙 씨의 뒷태가 먼저 떠오르는 오디, 일명 뽕…….
반백을 넘었지만 그래도 남잔데
어찌 모르는 척 외면할 수 있겠습니까?

한움큼씩 따서 입에 넣고 씹으니
시큼하고 새콤하고 달큼하게 번지는 맛과 향.
손과 입은 이내 붉은 보랏빛으로 물들었습니다.

지갑을 들고 가지 않아도

질좋은 먹거리를 때마다 내어주는 태화산 마트.
이 또한 산에 사는 즐거움이 아니겠습니까.

오늘은 또 어떤 상품이 나왔는지,
일을 하다 출출한 오후쯤에는
운동삼아 또 한번 둘러봐야겠습니다.

편지
051

두레 쿠폰

귀농귀촌이 하나의 트렌드로 정착된 것일까요?
농촌으로 내려오는 분들이 해마다 큰 폭으로 증가하고 있습니다.
제가 내려온 태화산 주변에도 꽤 많은 귀농인들이 자리를 잡았습니다.
그 중에서 마음이 통하는 여덟 가구와는
친형제처럼 허물없이 지내고 있습니다.
도시에서는 경험하지 못한 막역한 교류입니다.
이러한 교류를 실생활로 확대할 순 없을까?
함께 논의한 끝에 공동체를 결성하고 두레 쿠폰을 만들었습니다.
상부상조와 공동작업을 위해
우리 조상들이 활용했던 품앗이와 두레를
오늘에 맞게 복원하자는 취지에서였습니다.

농작업을 비롯해 집안에 바쁜 일이 있을 때면
공동체 회원들에게 요청해 함께 일을 하고,
그 댓가로 두레 쿠폰을 발행합니다.
쿠폰을 받은 회원은 그 쿠폰으로
그만큼의 도움을 요청하거나 현물을 구입합니다.

연말에는 함께 모여 결산을 하고
남은 쿠폰은 발행인이 현금으로 교환합니다.
그렇게 하면 부담없이 도움을 요청할 수 있고,
일을 끝내고 여유롭게 술도 한잔 할 수 있으니
보다 실질적인 도움과 교류가 될 수 있을 것입니다.

노동도 여럿이 함께하면 즐거움이 됩니다.
단순한 교류에서 나아가 서로 돕고 함께하자는,
말 그대로의 생활공동체.
여덟 가구로 시작한 또 하나의 작은 물결이
농촌생활을 보다 즐겁고 풍요롭게 하는
새로운 계기가 되기를 기원하며,
그렇게 되도록 저 또한 열심히 활동하겠습니다.

달팽이의 꿈

편지 052

아침 일찍 와송밭에서 작업을 하다 녀석을 보았습니다.
등에 무거운 굴레를 짊어진 채
맨 몸뚱이로 기어서 어디론가 가고 있는 녀석.
기고 또 기어도 얼마 가지 못하지만
그것이 존재의 이유라도 되는 것처럼
부단히 기고 또 기는 녀석.
그런 녀석의 질주(?)를 바라보고 있노라니
문득 달팽이의 꿈이 생각났습니다.

꿈에서 달팽이를 보면 기다리던 일이 이루어진다지요.
느리고 더디지만 결코 멈추지 않는 의지와 실천.
그것이 성공의 가장 큰 요소임을
달팽이를 통해 암시하는 게 아닌가 싶습니다.

월요일 아침입니다.
새벽잠을 설치며 어디론가 향하는 달팽이,
그 성스런(?) 질주를 꿈인 양 보시고
기다리던 일을 이루시는 한 주가 되길 기원합니다.

편지
053

지렁이

징그럽다고 외면하거나 고개를 돌리지 마십시오.
양손으로 감싸안고 입을 맞춰도 좋을 만큼 고마운 녀석들입니다.
녀석들이 없으면 우리도 먹을 것이 없어
녀석들과 비슷한 몰골을 하고 있을 것입니다.
녀석들이 쉬지 않고 흙을 되새김해
땅을 유기질로 바꿔주기 때문에
곡식과 채소가 자랄 수 있습니다.
겉으로 보이는 것과는 딴판으로
없어서는 안 될 소중한 녀석들입니다.

사람도 마찬가지입니다.
무섭고 험상궂게 생겼다고 악인이 아닙니다.
그런 분들이 오히려 더 따뜻할 수 있습니다.
정말로 위험한 것은 반대의 경우입니다.
〈악마는 프라다를 입는다〉는 영화제목처럼
진짜 악마는 백마 탄 왕자님 같은 모습으로 나타나니까요.

꽃미남 같은 얼굴에 살인미소로 다가오는 사람.
그런 사람이 있다면 조심하십시오.
그가 바로 하얀 악마일 수 있으니까요.

자연의 역습?

편지 054

공동체 회원의 밭에서 함께 자두를 따다 맞닥뜨린 녀석입니다.
나무 위에서 가지를 감싸고 있는 녀석을 본 순간,
등골에 오싹한 소름이 돋았습니다.
그렇습니다. 이름만 들어도 오금이 저리는 살모사입니다.
물리면 한 시간 안에 저 세상으로 간다지요.
자두나무 위의 살모사. 누가 생각이나 했겠습니까?
이렇듯 자연 속에도 위험은 상존해 있습니다.
조심하지 않으면 언제 무슨 일을 당할지 알 수 없습니다.
어디 자연뿐이겠습니까?
우리의 생활 곳곳에도 위험은 상존해 있습니다.
언제 어디서 어떤 위험이 닥칠지 알 수 없습니다.
한치 앞도 알 수 없는 게 인생 아니겠습니까?
그래도 용케 녀석을 발견했으니
큰 액땜 하나는 한 것 같은데 님의 생각은 어떻습니까?

아, 녀석은 어떻게 됐냐구요?
방법은 두 가지 밖에 없지 않겠습니까?

잡았거나, 도망갔거나.
판단은 님의 상상에 맡기겠습니다.

편지 055

선과 악

진구(진돗개 친구) 녀석이 온 지 40여 일,
그동안 정도 많이 들었습니다.
문만 열고 나가면 쏜살같이 달려와 펄쩍펄쩍 뛰고,
어디를 가든 졸졸 따라다닙니다.
하지만 녀석과 노닥거리고 있을 수만은 없는 일.
방에 있거나 외출을 할 때면
혼자 있는 녀석이 자꾸 마음에 걸립니다.
멍하니 하품만 하고 있을 녀석이 안쓰럽게도 느껴집니다.

궁리 끝에 공을 생각했습니다.
굴러다니는 공을 가지고 놀면 녀석도 지루함이 덜하겠지…….
포장도 뜯지 않은 테니스공을 꺼내
살며시 녀석에게 굴려 주었습니다.
그런데, 웬걸?
생각했던 것과 정반대의 현상이 벌어졌습니다.
통통 튀며 움직이는 공을 보자
녀석이 기겁을 하며 달아나는 것이었습니다.
괜찮다 몇 번을 달래봤지만

공을 쥐고 있으면 근처에도 오지 않습니다.
세워 놓고 비켜 서 있어도 마찬가지입니다.

그런 녀석을 보며 문득 떠오른 생각.
공을 준 내 행동이 선일까, 아니면 악일까?
제 결론은 악이라는 것이었습니다.
내가 아무리 선의의 마음으로 행했다 해도
상대에게 위협이 되고 상처를 입히면
그것은 악이지 선이 될 수 없습니다.

그렇기에 중요한 것은 내 마음이 아닙니다.
받아들이는 상대방의 입장과 생각입니다.
그러니 자식에게 한마디 할 때도
듣는 자식의 입장에서 생각해봐야 합니다.
제 아무리 좋은 뜻에서 좋은 말을 해도
자식이 잔소리라 생각하면
그건 잔소리에 불과할 뿐이니까요.
진구가 가르쳐 준 귀중한 교훈입니다.

편지
056

공포와 본능

어제의 편지를 읽고 카친 한 분이 제안을 해 주셨습니다.
진구가 공을 두려워하면
공과 함께 고기를 줘 보라는 것이었습니다.
낯선 것에 대한 두려움과 기름진 고기의 유혹.
어느 것이 더 강할지 저도 궁금해졌습니다.

곧바로 실험에 돌입했습니다.
녀석이 좋아하는 햄을 잘라 접시에 담았습니다.
어제의 테니스공을 꺼내 한 번 튕긴 다음
햄이 담긴 접시 가운데에 놓았습니다.
그 접시를 데크 가운데 내려놓고 녀석을 불렀습니다.
공에 대한 두려움이 그렇게 큰 것인지,
배가 불러 식욕이 오르지 않는 것인지,
녀석은 주위만 빙빙 돌 뿐 근처에는 얼씬도 하지 않았습니다.

하지만 배가 고프면 녀석도 달라지지 않을까요?
저는 하루 24시간을 기준으로 잡았습니다.

내일 이 시간까지
먹을 것을 일체 주지 않고 기다려볼 생각입니다.

진구는 결국 햄을 먹을까요?
아니면, 두려움 때문에 먹지 못할까요?
님은 어느 쪽에 한 표를 던지시겠습니까?
심심하면 옆에 계신 분과 내기를 하셔도 좋습니다.
결과는 내일 이 시간 이후에 알려드리겠습니다.

절박함의 힘

어제 오전 10시 30분,
실험을 시작했을 때 녀석은 데크 위로 얼씬도 하지 않았습니다.
부르고 손짓을 해도 마당에서 쳐다보는 것이 고작이었습니다.
밖에 일이 있어 외출했다 돌아온 시각이 오후 5시 30분,
확인을 하니 약간의 변화가 있었습니다.
접시 옆에 떨어뜨린 햄 조각이 보이지 않았습니다.
하지만 접시 안은 그대로였습니다.
그때부터 관찰을 시작했습니다.
녀석은 조심스럽게 움직였습니다.
데크 이쪽저쪽을 오가며 접시를 살피고,
다가왔다가 물러나고, 물러났다 다가오기를 반복했습니다.
공포와 본능 사이에서의 갈등과 고민이 얼마나 큰지
그대로 느껴졌습니다.
녀석을 좀더 자극하기 위해
사료를 가져다 접시에 보태고 주위에도 뿌렸습니다.
녀석은 곧바로 다가와 주변의 것을 집어먹은 다음,
접시 옆을 빙빙 돌며 갈등을 계속했습니다.

지켜보는 저도 가슴이 두근거렸습니다.

6시 30분. 마침내 녀석이 용기를 냈습니다.
코로 공을 슬쩍 밀며 몸을 움찔거렸습니다.
여차하면 도망이라도 칠 심산인 것 같았습니다.

그러면서 조심스레 사료와 햄을 집어먹었습니다.
재빨리 한 조각 집어먹고 몸을 움찔하고,
또 한 조각 집어먹고 또 몸을 움찔하는 것이
녀석이 얼마나 큰 용기를 냈는지 그대로 느껴졌습니다.
몇 번 그런 다음에는
코로 공을 밀며 접시 안을 말끔히 비웠습니다.

공포와 본능의 대결은
게임 시작 8시간 만에 본능의 일방적인 승리로 끝났습니다.
절박함의 힘은
낯선 것에 대한 두려움도 이기게 할 만큼 크고 강했습니다.
학습효과도 테스트할 겸 오늘 아침 한 번 더 반복했습니다.
내려놓기가 무섭게 다가와 순식간에 먹어치웠습니다.
그리고 웬걸? 공까지 입에 물고 이리저리 돌아다녔습니다.
공은 더 이상 공포의 대상이 아니었습니다.
한 번의 경험이 그 사실을 일깨워준 것이었습니다.

저도 비슷한 경험이 있습니다.
어려서부터의 식습관 때문인지
지난해까지 생고추를 먹지 못했습니다.

귀농 후 직접 고추를 심고 가꾸면서 용기를 냈습니다.
내가 기르는 고추를 내가 먹지 못하면 되겠는가?
조심스레 조금씩 먹어보니 별 게 아니었습니다.
지금은 자연스럽게 먹고 있습니다.

님은 어떻습니까?
님에게도 그런 식습관이나 알러지가 있습니까?
그렇다면 눈 딱 감고 한번만 시도해 보십시오.
처음 한 번의 경험,
그것이 어려울 뿐, 두번째부터는 별 게 아닙니다.
진구가 행동으로 보여주고 있지 않습니까?

굴레

가만히 보고 있으니 눈물이 납니다.
자신의 몸보다 몇 배나 무거운 굴레를 짊어지고
힘들게 기어가는 달팽이의 행진.
전생에 무슨 죄를 지었기에 저리도 가혹한 굴레를 짊어진 것일까?
안타까움에 혀를 쯧쯧 차는데 문득 드는 생각,
그래도 저 굴레가 없다면 어떻게 될까?

그렇습니다.
달팽이에게 굴레가 없다면
모르긴 해도 몇 시간 견디지 못할 것입니다.
그러니 천형처럼 지고 있는 저 굴레야말로
달팽이가 살아가는 생의 보루인지도 모릅니다.

우리도 누구나 굴레를 가지고 있습니다.
찢어질 듯한 가난, 전과자라는 딱지, 치매에 걸린 부모…….
정도의 차이가 있을 뿐 누구나 마찬가집니다.
그리고 그 굴레를 벗기 위해 발버둥을 칩니다.

돈을 벌기 위해 수단과 방법을 가리지 않고,
치매에 걸린 노인을 요양원으로 보냅니다.
그렇게 해서 굴레를 벗었다고 생각하는 순간,
인생의 파산이 눈앞에 닥칩니다.

그러니 피할 수 없는 굴레라면
인정하고 받아들이는 것이 어떨는지요.
저 달팽이처럼 묵묵히 짊어지고 가는 것.
가다가 힘들면 잠시 내려놓고 쉬었다 가는 것.
그것이 세상을 사는 지혜가 아닐는지요.
달팽이가 제게 주는 또 하나의 교훈입니다.

편지 069 품앗이

늘봄공동체 월례회의가 있는 날,
모처럼 회원들이 모여 공동작업을 했습니다.
펜션을 운영하는 회원이 요청한 작업으로
겨울에 땔감으로 쓸 나무를 자르는 일이었습니다.
지난 겨울에 5톤 트럭 한 차분을 구입했는데
혼자 자르려니 엄두가 나지 않아 미루고 미루다
두레 쿠폰을 이용해 공동작업을 요청한 것이었습니다.
두 명은 엔진톱을 가지고 나무를 자르고,
또 두 명은 자른 나무를 차곡차곡 쌓고,
나머지 한 명은 자르기 좋게 나무를 정리하고…….
협업이 되자 작업이 빠르게 진척되었습니다.
도중에 새참을 곁들여 소주도 한잔 하면서
반나절 만에 가뿐히 해치웠습니다.

모처럼의 막노동,
온몸이 땀에 절고 다리도 풀렸지만
그래도 마음은 가뿐하고 즐거웠습니다.

노동도 함께하면 힘이 덜 든다는 사실을
경험을 통해 확인했습니다.
그리고 그 대가로 받은 쿠폰 한 장.
이 쿠폰을 이용해 저 또한 도움을 요청할 수 있으니,
잘 간직했다가 혼자는 할 수 없는 꼭 필요한 일에 써야겠습니다.

두레 쿠폰.
어떻습니까? 정말로 괜찮은 제도 같지 않습니까?

비행

저만 그런 것인지는 모르겠습니다만
어려서부터 날아오르는 꿈을 많이 꾸었습니다.
양쪽 팔을 날개처럼 퍼득거리면 몸이 떠올라
저 행글라이더처럼 하늘을 나는 그런 꿈을요.

프로이트에 의하면
꿈은 억압된 본능의 표출이라지요.
어쩌면 하늘을 날고 싶다는 본능적 욕망이
제 가슴에도 잠재해 있었던 것 같습니다.

하고는 싶지만, 할 수는 없는 것.
그것을 우리는 꿈이라고 부릅니다.
그래서 꿈은
꿈 속에서나 이루어지는 것인지도 모릅니다.
꿈이란 말 속에는
애당초 불가능의 의미가 내포되어 있으니까요.

그래도 우리가 꿈을 꾸어야 하는 이유는
그래야 다른 길이라도 보이기 때문입니다.
직접 하늘을 날지는 못해도
하늘을 나는 다른 방법을 찾을 수 있기 때문입니다.
저 행글라이더나 비행기처럼 말입니다.

그래서일까요.
뙤약볕이 내리쬐는 읍내의 아스팔트 위에서
동강 위를 날고 있는 저 행글라이더를 보고 있으니
「날개」의 마지막 구절이 저절로 중얼거려집니다.

> 날개야 다시 돋아라.
> 날자. 날자. 날자. 한 번만 더 날자꾸나.
> 한 번만 더 날아보자꾸나.

오늘 밤에는
님과 손을 잡고 태화산을 날아오르는,
그런 단꿈이라도 꾸었으면 좋겠습니다.

편지 061 고독

어제 하루는 참 많이 외로웠습니다.
깊고 적막한 산중이라 평소에도 그렇지만,
집사람마저 서울에 다니러 가고 혼자 있으니
긴긴 겨울밤만큼이나 외롭고 쓸쓸했습니다.
일상 자체가 묵언수행이었습니다.

흔히들 인간은 사회적 동물이라고 합니다.
그만큼 우리는 서로 어울려 살아가고,
혼자 있는 것을 견디지 못하고 고통스러워 합니다.

같이 있는 즐거움보다
혼자 있을 때의 외로움을 견디지 못해
연인들이 결혼을 하고 가정을 꾸린다니,
고독의 실체를 미루어 짐작할 수 있습니다.

하지만 서강대 최진석 교수는
고독이야말로 창조의 원동력이라고 했습니다.

인간은 혼자 있을 때라야
집단이 공유한 기존의 틀과 사고에서 벗어나
자신만의 세계를 만들어갈 수 있다는 것입니다.

가만히 생각해보니 그런 것도 같습니다.
제가 쓰는 이 태화산 편지 또한
어쩌면 그 고독의 산물일 수 있으니까요.

일상의 작고 사소한 것들에 관심을 갖고,
나만의 시각으로 다시 보고 의미를 부여하는 것.
산중이라는 공간도 공간이지만
집단에서 벗어나 나만의 시간을 갖고 있기에
가능한 것이 아닌가 싶습니다.

그러니 고독은 외롭고 쓸쓸한 것이 아닙니다.
내가 내 인생의 주인으로 살아가기 위해
받아들이고 즐겨야 할 또다른 일상입니다.

어떻습니까? 이번 주말에는 저와 더불어
나를 찾아 떠나는, 혼자만의 달콤한(?) 고독에 빠져보는 것이.

수단과 목적

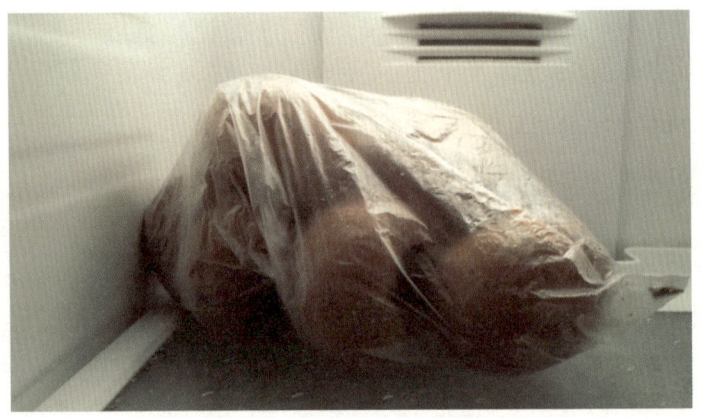

혼자라 뭐라도 해 먹어야겠기에
냉장고를 정리하다 보니 이것이 눈에 띄었습니다.
냉동실 깊숙한 곳에 돌처럼 얼어붙어 있었습니다.

기억을 더듬어보니 2년 가까이 되었습니다.
한여름에 아이스크림처럼 먹겠다고 넣어둔 것인데
냉동실 안에서 2년 동안 잠만 자고 있었습니다.

후환이 두려워(?) 사진을 올리진 못하지만,
냉동실 안에서 잠자고 있는 것은 이것뿐이 아닙니다.
연륜이 더 오래된 것도 있고,
형체를 알아보기 힘든 것도 있습니다.
저의 막연한 짐작이긴 하지만
댁의 냉장고 속도 별반 다르지 않을 것 같습니다.

우리가 음식을 만드는 이유는 먹기 위해서입니다.
먹는 것이 목적이요, 만드는 것은 수단일 뿐입니다.

그런데도 만드는 데만 목을 매는 경우가 있습니다.
이것저것 정말 열심히 만들기는 하는데
냉장고에 넣으면 그뿐, 꺼낼 줄을 모릅니다.
그렇게 시간이 지나면 썩고 부패되어
제대로 먹지도 못하고 버리기 일쑤입니다.
수단을 목적으로 착각한 결과입니다.

배우는 것도, 돈을 버는 것도 마찬가집니다.
밤을 새며 배우고 공부하는 것은,
피땀을 흘리며 돈을 벌고 모으는 것은,

보다 나은 삶을 위해 쓰고 활용하기 위해섭니다.
삶이 목적이요, 배움이나 돈은 수단일 뿐입니다.

그런데도 수단에 너무 집착해
목적을 망각하는 경우가 많습니다.
나이가 들어서도 배우기만 할 뿐 활용할 줄 모르고,
악착같이 벌기만 할 뿐 쓸 줄을 모릅니다.
그러고는 때가 지나 삶을 탓합니다.
인생 참 고달프다고, 사는 게 너무 힘들다고요.

생각해보면 수단은 어디까지나 수단일 뿐입니다.
수단이 목적이 되면 가치가 전도되고,
가치가 전도되면 삶이 고달프고 힘들어집니다.

나는 왜 사는지?
그 삶을 위해 무엇을 어떻게 할 것인지?

냉동실 속에 처박혀 있던 감을 꺼내 놓고
수단과 목적이 바로 서는 삶을 되새겨보는,
불타는 금요일의 아침입니다.

편지 063 근절

지난 편지에서도 소개했지만
잡초의 생명력은 정말 대단합니다.
아무리 밟고 뽑아도 다시 돋아나는 것을 보면
그저 혀를 내두를 수밖에 없습니다.

하지만 그것은 어디까지나 잡초의 입장일 뿐,
그와 매일 전쟁을 치러야 하는 제 입장에서는
그것처럼 힘들고 고약한 것도 없습니다.

그래도 뽑으면 쑥쑥 뽑히는 것들은 덜한대
저런 것들은 여간해선 뽑히지도 않습니다.
힘껏 잡아당기면 뚝 하고 줄기가 끊어질 뿐입니다.

작년까지만 해도 끊어지면 그냥 내버려두었습니다.
하지만 이제는 힘이 들고 시간이 걸려도
땅을 파헤쳐 뿌리까지 뽑아냅니다.
그러지 않으면 금방 또 풀이 돋아나는 것을

경험으로 알았기 때문입니다.

뒤돌아 보면 인생에서도 그런 경험을 했습니다.
조금 힘들고 귀찮아 그만하면 됐다고 지나쳤다가
그것이 화근이 되어 낭패를 본 경험이
기억나는 것만도 서너 차례나 됩니다.

크게는 사회나 국가도 다르지 않은 것 같습니다.
해방후 70년이나 지난 지금까지도
친일 청산이 사회적 현안으로 대두되는 것 또한
반민특위까지 만들어 뿌리뽑으려 했지만
이런저런 이유로 그냥 넘겨버린 때문이 아닐는지요.

뽑을 때 뿌리까지 뿌리뽑지 않으면
도리어 화근으로 다가오는 것은
저 잡초나 인생이나 역사나 다 같은 것 같습니다.

그래서 저는
시간이 걸리고 힘이 들더라도,
조금 야박하고 지독하다는 소리를 듣더라도,

그로 인해 작물이 조금 피해를 입더라도,
김을 맬 때는 땅을 파헤쳐 뿌리까지 뽑아냅니다.

뒤돌아서면 또 다시 돋아나는 화근을
그냥 남겨둘 수는 없으니까요.

담쟁이

>저것은 벽
>어쩔 수 없는 벽이라고 우리가 느낄 때
>담쟁이는 말없이 그 벽을 오른다…….

도종환 시인의 「담쟁이」란 시를 읽고 나자
담쟁이가 참 크고 대단해 보였습니다.
너무 쉽게 포기하고 돌아서는 우리에게
도전과 용기를 가르쳐 주는 전사처럼 느껴졌습니다.

하지만 나무를 타고 오르는 저 모습을 본 순간,
그런 이미지는 한순간에 와르르 무너졌습니다.
자신을 도와준 나무를 타고 올라 못살게 굴고,
심하면 죽게 만드는, 악의 화신처럼 느껴졌습니다.

그러고 보면
어떤 능력을 얼마나 가지고 있느냐보다
어디에 어떻게 쓰느냐가

더 중요한 것인지도 모릅니다.

아무리 뛰어난 능력과 재주가 있어도
남을 해치고 괴롭히는 데 쓴다면
차라리 없느니만 못할 테니까요.
저 담쟁이처럼 말입니다.

물론 그 반대의 경우도 존재하겠지요.
내가 가진 것이 비록 작고 보잘 것 없더라도
정말로 필요하고 도움이 되는 곳에 쓴다면
그것이야말로 크고 값진 능력이 아니겠습니까.

그러니 능력이나 재주보다
그것을 쓰는 방향과 대상이 더 중요하다는 사실.
담쟁이를 통해 배우는 또 하나의 삶의 교훈입니다.

가지 솎기

와송의 가지 솎기.
요즘 제가 하고 있는 일입니다.
다닥다닥 붙어있는 새끼 가지를 떼어내
따로 심고 관리하는 일입니다.

와송은 2년생 작물입니다.
월동을 하고 봄에 잎을 피워 올리면
사방에 저렇게 많은 새끼들이 자라납니다.

작을 때는 괜찮지만 어느 정도 자라면
떼어내 따로 심어줘야 합니다.
그래야 어미는 어미대로 제대로 자라고,
새끼는 새끼대로 내년을 기약할 수 있습니다.

생명이란 다 그렇게 엇비슷한 것일까요?
와송의 삶이 어쩌면 이리도 우리와 닮았는지,
작업을 할 때마다 새삼 놀라고 경탄하게 됩니다.

사람도 때가 되면 부모에게서 독립해야 합니다.
그래야 부모는 부모대로의 삶을 누릴 수 있고,
자식은 자식대로 스스로의 삶을 꾸릴 수 있습니다.

하지만 요즘의 세태를 보면 걱정이 앞섭니다.
그렇게 많은 공부를 하고 스펙을 쌓아도
취업이 되지 않아 부모에게서 벗어나질 못하니…….
부모는 부모대로, 자식은 자식대로
삶이 무겁고 고통스러울 수밖에 없습니다.

하나뿐인 제 아들 얼이도 어느덧 복학 2학년.
독립의 시간 또한 그만큼 가까이 다가오는데
세상은 갈수록 어렵고 힘들어지니…….

하지만 어쩌겠습니까?
저렇게 떼어낸 새끼 와송도 월동을 하듯
묵묵히 견디고 이겨낼 수밖에 없지 않겠습니까?

이렇듯 틀에 박힌 이야기 밖에 할 수 없는 세상이,
그리고 제 자신이 답답하고 착잡해
잠시 손을 멈추고 먼 하늘을 바라봅니다.

습관의 힘

밭일을 하다 힘이 들어 잠깐이라도 쉴 때면
베란다에 올라와 기타를 잡고 튕깁니다.
아직 노래 한 곡 제대로 뜯지 못하는 생초보지만
누가 보든 말든 상관하지 않습니다.

이 나이에 기타리스트가 되려는 것이 아닙니다.
나 기타 배우네, 티를 내려는 것은 더더욱 아닙니다.
그렇게 해야 손에 익고 습관이 되어
뒤늦게 배우는 것이 헛되지 않기 때문입니다.

요즘처럼 바쁜 시기에
매일같이 시간을 내 연습을 할 수는 없습니다.
일주일에 한 번씩 날을 잡아 한다고 해도
큰 효과를 기대할 수는 없습니다.
감각이 떨어져 새로 시작해야 하기 때문입니다.

그러니 가장 좋은 방법은 습관화하는 것.
어설프고 서툴러도 틈나는 대로 자꾸 두드리다 보면
손에 익고 감각이 생겨 익숙해지지 않겠습니까.

그래서 늘 손이 닿는 곳에 놓아두고
틈이 날 때마다 집어들고 한 번씩 두드립니다.

습관의 힘.
소리 없이 강한 그 힘을 믿기에
이 편지를 쓰는 도중에도 한 번씩
핸드폰을 놓고 옆에 있는 기타를 집어듭니다.

다슬기

편지 067

흔히들 산에 가면 굶을 일이 없다고 합니다.
그만큼 산에는 먹을 것이 많다는 뜻이겠지요.
하지만 어디 산만 그렇겠습니까?
자연이 주는 선물은 강이라고 다르지 않습니다.

어제는,
모처럼 집에 온 아들을 데리고
산 밑의 남한강가로 나갔습니다.
오래 전부터 벼려온 다슬기를 잡기 위해서였습니다.

물 속의 돌 위에 다닥다닥 붙은 다슬기.
겨우 한 시간 정도 건졌는데도 봉지가 묵직했습니다.
쫄깃쫄깃한 맛이 일품인 민물조개는 보너스였습니다.

그렇게 건진 다슬기를 깨끗히 씻어 삶은 다음,
나무에서 꺾어온 가시로 하나씩 빼 먹었습니다.

바다 패류와 달리 담백한 맛에 쫄깃쫄깃한 식감,
거기에 간을 보호해 술꾼들에게 좋다니,
시간도 걸리고 감질맛도 나도 손을 놓지 못했습니다.

밤이 늦도록 얼마나 빼 먹었는지
지금도 입안에 여운이 남아 있습니다.

농삿일에 조합 일에 몸도 마음도 바쁘지만,
그래도 이따금 이런 망중한을 즐길 수 있다는 것.
이 또한 농촌에 사는 즐거움이 아닐는지요.

스프링쿨러

요즈음 주변에서 흔하게 보이는 광경입니다.
밭마다 호스를 연결하고 스프링쿨러를 돌려
저렇게 인위적으로 물을 뿌려주고 있습니다.
가뭄이 계속되어 작물이 마르기 때문입니다.

한참 자라고 있는 배추나 고추는 그렇다쳐도
수확할 때가 된 감자밭에까지 급수를 하는 것은
저로서도 여지껏 보지 못한 광경입니다.
그만큼 가뭄이 심하다는 반증이 아닐 수 없습니다.

가뭄은 맑고 화창한 날의 연속에서 비롯됩니다.
바람 한 점 없이 따갑게 쏟아지는 햇살,
하루하루는 더없이 좋은 축복일지 모르지만
그런 날들만 반복되면 이렇게 가뭄으로 이어집니다.
적당히 바람이 불고 비도 내려야
땅이 기름져 작물이 제대로 자랄 수 있습니다.

생각해보면 우리네 인생 또한 마찬가지입니다.
그저 즐겁고 평온한 날만 있으면 좋을 것 같지만,
지나고 보니 꼭 그런 것만은 아닙니다.

그런 인생은 너무 밋밋하고 무미건조해
사는 맛도, 보람도 느끼기 어렵습니다.
희로애락과 칠정을 두루 경험해야
삶의 맛과 행복을 제대로 느낄 수 있습니다.

그러니 살면서 마주치는 고난이나 역경은
불행이 아니요, 재앙도 아닙니다.
메마른 삶에 단비를 뿌려주는
저 스프링쿨러와 같은 것이라 하겠습니다.
지나치지 않아 견딜 수만 있다면 말입니다.

오후부터 흐리고 비가 내린다는 예보입니다.
장대비라도 쏟아져 해갈해 주길 기원하며,
혹여 님이 마주하고 있는 어려움이 있다면
그 또한 인생의 단비가 되기를 함께 기원하겠습니다.

유혹

하루의 일을 마치고 저녁상을 마주하는 시간이면
어김없이 이 여인이 눈앞에 아른거립니다.
어제처럼 하루 종일 흙과 씨름이라도 한 날이면
사향향기를 내뿜으며 손목을 잡아끌기도 합니다.

안 되는데, 할 일이 산더미처럼 쌓였는데…….
말은 그렇게 하면서도
손은 어느새 덥석 여인의 허리를 낚아챕니다.
황진이보다 더 치명적인 이슬이의 유혹 앞에
제가 무슨 수로 버티겠습니까?

그렇다고 혼자 나발을 불거나 하는 것은 아닙니다.

평균 서너 잔에, 안주가 입에 붙으면 한 병 정도.
그것도 이삼 일에 한 번 꼴이니
제가 그렇게 쉬운 남자는 아닌 것 같습니다.

노동과 술.
비와 술만큼이나 상관관계가 있어 보이지만
과학적으로 증명이 된 것은 아무것도 없습니다.
다만 일을 많이 한 사람일수록 많이 마신다는 통계는
어디에선가 읽은 기억이 있습니다.
일에 따른 스트레스를 술로 푼다는 것이지요.
글쎄요, 저 또한 힘들게 일하고 나면 찾게 되지만
그것이 스트레스 때문인지는 잘 모르겠습니다.

스트레스가 됐든 피로가 됐든
내가 풀어야 할 것을 무언가에 의존한다는 것은
그만큼 나약하고 위험한 일이 아닐 수 없습니다.

저 또한 애용은 하되 의존은 하지 않도록
오늘 저녁에는 두 눈을 질끈 감고서라도
이슬이의 유혹을 견디고 또 견뎌 보겠습니다.

불나방

태화산의 여름이 그만큼 깊어진 것일까요?
밤에 테라스의 외등을 밝히자
이 녀석들이 하얗게 모여들었습니다.

빛만 보면 앞뒤 가리지 않고 뛰어드는 녀석들.
타 죽는 줄도 모르고 들이대는 그 무모함으로 인해
어리석음의 대명사로 통하는 불나방입니다.

예전에는 저도 그렇게 느꼈습니다.
등 안에 사체로 남아 있는 녀석들을 볼 때마다
조소 섞인 비웃음이 저절로 튀어나왔습니다.

하지만 지금은 조금 다릅니다.
어둠 속에서 빛이 얼마나 그리웠으면, 싶기도 하고,
그래도 빛을 본 게 다행이라는 생각도 듭니다.
열정이 부족한 세태 탓이 아닌가 싶습니다.

그것이 사람이든 가치든
죽음을 불사하고 추구할 대상이 있다는 것.
행복이라고 할 수는 없겠지만
불행이라 단정지을 일도 아닌 것 같습니다.

생의 행과 불행은
시간의 길고 짧음이 아니라
만족도의 크기에 따라 갈리는 것이니까요.

내 삶에도 저렇게 뜨거운 적이 있었던가?
지금이라도 저렇게 뜨거울 수 있겠는가?······.
불빛 앞에서 서성대는 녀석들을 보며
제 스스로에게도 자문해 보는 한여름밤의 단상입니다.

후유증

머리는 어질거리고, 속은 메스껍고, 몸은 뒤틀리고…….
편지를 쓰고 있는 지금 저의 상태입니다.

왜냐구요? 뻔하지 않습니까?
이슬이의 유혹에 훅하고 넘어간 때문입니다.

어제 오후 일을 도와 주러 온 친구들과
와송을 옮겨 심은 것까지는 좋았습니다.
새참으로 막걸리 한잔 걸친 것도 괜찮았습니다.

문제는 일을 마치고 난 뒤였습니다.
고생한 친구들에게 저녁이라도 대접해야겠기에
어수리를 뜯고 땅두릅을 데치고 삼겹살을 구웠습니다.

그리고 예의 그 이슬이를 마시는데,
술이 달아 말 그대로 술술 넘어갔습니다.
잔을 부딪치며 주거니 받거니 하다 보니

잠깐 사이에 예닐곱 병을 비웠습니다.

아침이 되자 후유증이 나타났습니다.
속은 거북하고, 머리는 어지럽고, 몸은 뒤틀리고……
으이그, 으이그……. 집사람의 타박이 이어졌습니다.
다시는, 다시는……. 격한 후회도 밀려왔습니다.

이렇게 후유증을 앓고 후회를 하면서도
술병만 앞에 있으면 끝 모르고 마셔대니
적당한 선에서 자제하기가 얼마나 어려운지
정말 뼈가 저리도록(?) 체험하고 있습니다.

술 한잔의 유혹이 이러할진대
부와 명예, 권력의 유혹이야 오죽하겠습니까.
세상을 발칵 뒤집어 놓은 성완종 사태 또한
자제의 부재가 빚은 비극이 아닐는지요.

다슬기 아욱국으로 울렁거리는 속을 달래며
자제의 의미를 다시 생각해보는
속 쓰린 아침입니다.

편지 072 # 거울

젊었을 때부터 거울을 잘 보지 않았습니다.
자주 들여다 볼 만큼 잘 생긴 얼굴도 아닌 데다
찍고 바르고 하는 것도 내키지 않았습니다.

태화산으로 내려온 뒤에는 더 그러했습니다.
밖에 나가지 않고 집에만 있는 날에는
솔직히 고백해 씻는 것도 대충대충이라
거울은 쳐다볼 생각조차 하지 않았습니다.

하지만 요즘에는 가끔씩 거울 앞에 섭니다.
한동안 말없이 거울 속의 나를 응시하기도 합니다.
얼마 전에 읽은 스티브 잡스의 이 말 때문입니다.

> 매일 아침 거울 앞에 서서 내 자신에게 묻는다.
> 만일 오늘이 내 인생의 마지막 날이라 해도
> 오늘 내가 하려고 하는 이 일을 하겠는가?

그렇다고 대답할 수 없는 일은 하지 않았다지요.

늘 죽음을 염두에 두고 자신을 바라보는 메멘토 모리.
세상을 바꾼 스티브 잡스의 역사 뒤에는
그런 반면의 거울이 있었다고 합니다.

그 글을 읽고난 뒤로 저도 가끔씩 거울을 봅니다.
메멘토 모리까지는 아니더라도
비쳐지는 내 모습을 뚫어져라 응시합니다.
그러면 또다른 내가 보입니다.

거울 밖의 나와 거울 속의 나.
외형은 같지만 어딘가 분명히 다른 두 개의 나.
어쩌면 그것이 나의 참 모습인지도 모르겠습니다.

지금까지는 솔직히 거울 밖의 나밖에 몰랐습니다.
이제부터는 거울 속의 나도 보고 알아가겠습니다.
그래야 나를 제대로 알고,
완전한 나의 삶을 살 수 있을 테니까요.

'그래 가끔 하늘을 보자' 하는 영화 제목이 생각납니다.
그 뒤에 저는 다음의 한 문장을 덧붙이고 싶습니다.
"그래 가끔 거울도 보자!"

계곡물

어젯밤 내린 비로 계곡이 드디어 본연의 모습을 되찾았습니다.
그동안 물이 너무 없어 체면이 말이 아니었는데
이제 비로소 계곡다운 계곡이 되었습니다.
바위를 부딪고 흘러내리는 시원한 물줄기,
사방으로 부서지는 하얀 포말,
가슴까지 씻어내리는 시원한 물소리…….
'이게 바로 내 모습이다'
계곡이 시위라도 하는 것 같았습니다.
'그래, 이게 바로 태화산의 계곡이다'
제 가슴까지 덩달아 흥분되었습니다.

오늘 오후에는
저 속에 소주 몇 병과 수박 한 통 담궈 놓겠습니다.
모처럼 제 모습을 찾은 계곡인데
그냥 넘어갈 수야 없지 않겠습니까?
일을 마치면 저 물에 손과 발을 씻고
정자 위에 걸터앉아 술을 따르겠습니다.

찾아주는 벗이 있으면 벗과 함께,
없으면 집사람이라도 불러내어
물소리 들어가며 잔을 나누겠습니다.
취하면 저 물이 씻어줄 것이니,
아무리 마신들 취하지도 않겠지요.

이 성스런(?) 행사에 함께하고 싶습니까?
그렇다면 이곳 태화산으로 오십시오.
서울에서도 길어야 세 시간 거리입니다.

로드킬

며칠전 읍내로 향하다 마주친 광경입니다.
어느 차에 어떻게 갈렸는지
머리는 잘려 어디론가 사라지고
몸뚱이만 덩그러니 길 위에 나뒹굴었습니다.

도로 위에서 당한 불의의 죽음, 로드킬.
보기에도 끔찍해 그냥 지나치려 했지만
뒷목을 잡아당기는 서늘한 기운이 있어
차를 세우고 나와 한참을 쳐다보았습니다.

예기치 못한 순간의 예기치 못한 죽음.
그것이 결코 저 녀석만의 경우는 아닐 것입니다.
사람 또한 예외가 될 수 없습니다.
그만큼 죽음은 우리에게도 가까이 있습니다.

하지만 우리는 애써 피하고 외면합니다.
저 멍청한 녀석이나 그렇지, 나는 아니라고,

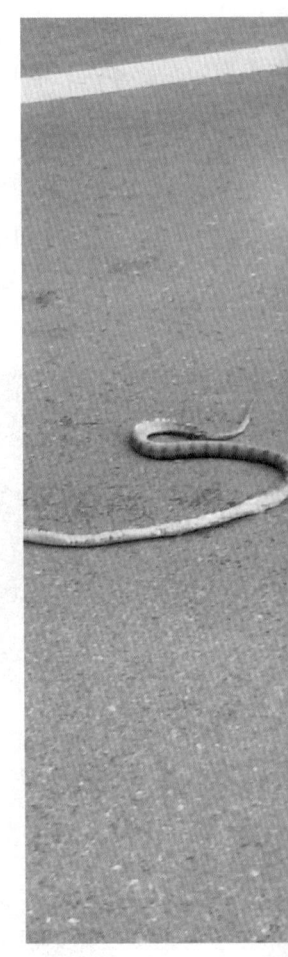

고개를 절래절래 흔듭니다.
나이가 들어도, 병에 걸려도 마찬가집니다.
그만큼 죽음이 무섭고 두렵기 때문입니다.

하지만 다시 생각해보면,
죽음이 무서운 것은 죽음을 모르기 때문입니다.
생각만 해도 끔찍하다고 고개를 돌리기 때문입니다.
모르니 불안하고, 불안하니 두려운 것입니다.
누구도 피할 수 없는 죽음인데 말입니다.

그러고 보면
죽음에 대해서도 공부가 필요한 것 같습니다.
나는 왜 살고 왜 죽는지? 죽으면 어떻게 되는지?…….
알고 준비하면 잘 대처할 수 있지 않겠습니까?

메리스 때문에 온 나라가 시끄럽습니다.
저 로드킬처럼 불시에 찾아든 죽음의 그림자.
하루빨리 진정이 되어 평온을 되찾길 기원하면서
죽음이 늘 곁에 있음을 인식하는,
죽음에 대해 진지하게 생각해보는 계기로 삼아야겠습니다.
저 로드킬처럼 말입니다.

드러내기

어제 저녁,
로드킬에 관한 편지에 달아주신 님들의 댓글,
특히 카친님들의 댓글을 읽으면서
눈시울이 뜨거웠습니다.

사고로 사랑하는 이를 잃은 사연 등
가슴 속에 꼭꼭 묻어두었던 아픈 기억들을
그대로 드러내 주셨기 때문입니다.

'작가님, 왜 그런 화두를……'
하신 한 카친님의 댓글처럼
괜한 얘기로 아픈 상처를 건드린 것은 아닌지,
조금 미안한 마음도 들었습니다.

하지만 이내 고개를 흔들었습니다.
감춰둔 혼자만의 상처를 겉으로 드러내는 것.
그것은 상처를 다시 헤집는 것이 아니라

치유를 시작하는 출발점이기 때문입니다.

몸의 상처는 시간이 지나면 아물지만
마음의 상처는 그렇지 않습니다.
꼭꼭 숨기고 감춘다고 잊혀지지도 않을 뿐더러
잊는다고 해도 치유가 되는 게 아닙니다.
수시로 되살아나 심신을 괴롭힙니다.

마음의 상처는 겉으로 드러내야 합니다.
누군가를 붙잡고 하소연이라도 해야 합니다.
그래야 아물고 치유가 됩니다.
상처가 크고 깊을수록 더더욱 그러합니다.

하지만 참으로 어려운 일입니다.
말없이 들어주고 공감해 주는 친구,
무슨 말을 해도 허물이 되지 않는 편안함이 있어야
말문이 열리기 때문입니다.
그래서 좋은 친구는 존재만으로도 치유가 됩니다.

서로 얼굴 한번 보지 못한 님들이지만
스스럼없이 상처를 드러내고,
또 마음으로 공감해 주는 모습들.
읽는 내내 가슴이 찡하고 콧날이 시큰거렸습니다.
너무나 아름답고, 또 고마웠습니다.
태화산 편지가 그런 소통의 장이 된 것 같아
한편으로 기쁘고 보람도 느꼈습니다.

앞으로도 보다 많은 님들에게
그런 소통과 치유의 공간이 될 수 있도록
더더욱 노력하는 것으로 보답하겠습니다.
함께해 주시는 모든 님들,
정말 고맙습니다.

편지 076 반딧불이

반딧불이입니다.
캄캄한 밤에 문을 열고 밖으로 나가면
작은 불빛이 춤을 추듯 허공을 난무합니다.
청정한 곳에서만 산다는 녀석들의 향연입니다.
핸드폰이 구형인지, 기술이 서툰 건지
아무리 찍어도 어둠밖에 보이지 않아
결국 한 마리를 생포해 인증샷을 남겼습니다.

녀석을 보면 많은 분들이 형설지공을 떠올립니다.
녀석의 불빛으로 책을 비쳐 글을 읽었다는,
가난을 딛고 성공한 것을 상징하는 사자성어로
널리 알려진 말입니다.

하지만 저는
그보다 먼저 다음과 같은 인도의 잠언을 생각합니다.
"촛불은 부드러운 미풍에도 꺼진다.
그것은 바깥에 있는 것에 의해 점화되기 때문이다.
반딧불이는 폭풍에도 빛을 잃지 않는다.
그 빛이 자기 안에 있기 때문이다."
주변의 환경에 좌우될 것이 아니라
내 안에 있는 참자아(아트만)를 자각하고 살아야 한다는
인도 성인들의 가르침입니다.

반딧불이처럼 내 안에서 스스로 빛을 내는 삶,
폭풍에도 빛을 잃지 않는 인생,
참으로 어려운 길이지만, 우리가 지향해야 할,
한 걸음이라도 다가가야 할 길이 아닌가 싶습니다.
지난 밤, 반딧불이가 준 교훈입니다.

편지 077 운명?

생이 어쩌면 이리도 기구하고 가혹한지,
가만히 보고만 있어도 눈물이 납니다.
집에서 마을로 내려가는 시멘트 포장길,
길 사이의 바늘틈을 비집고 올라온 풀 한 포기.
뿌리를 내려도 어쩌면 이런 곳에 내렸는지,
말문이 막혀 아무 말도 할 수가 없습니다.
흙 한 줌 없는 시멘트 사이,
뙤약볕에 지글지글 타오르는 바닥,
뜸해도 하루에 서너 대는 오가는 차량…….
그래도 살겠다고 발버둥치는 것 같아
앞에서 차를 멈출 수밖에 없습니다.
그래봤자 얼마 못 가 스러질 것을 알기에
차창 너머로 멍하니 바라만 볼 뿐입니다.

이런 생은 지금 광화문에도 있다지요?
단식도 모자라 아스팔트 위에서 삼보일배하는 사람들.
창졸간에 자식을 잃고,

잃은 이유조차 찾지 못하는 사람들.
그분들의 생 또한 이와 닮은 것 같아
바늘에 찔리는 듯 마음이 아립니다.
다만 바라건대
그 끝만은 이 풀과 같지 않았으면 좋겠습니다.

편지 078 인드라망

창고 처마 밑에 있는 거미줄입니다.
씨줄과 날줄이 촘촘히도 엮여
웬만한 모기조차 빠져나가기 어렵습니다.
서로 얽히고설켜 어떻게 할 수 없는 관계,
'거미줄 얽히듯' 한다는 말이 실감이 납니다.

그런 거미줄을 가만히 보고 있으니
인드라망이라는 불교 용어가 생각납니다.
"세상은 하나의 큰 그물망으로 되어 있고,
우리 모두는 그 그물망을 이루는 존재"라지요.
어쩌면 저것이 그 축소판인지도 모르겠습니다.

그렇습니다.
우리 모두는 서로 연결되어 있습니다.
나와 네가 별개가 아니고,
님과 저 또한 서로 영향을 주고 받습니다.
나를 둘러싼 주위의 모든 것들과의 관계.

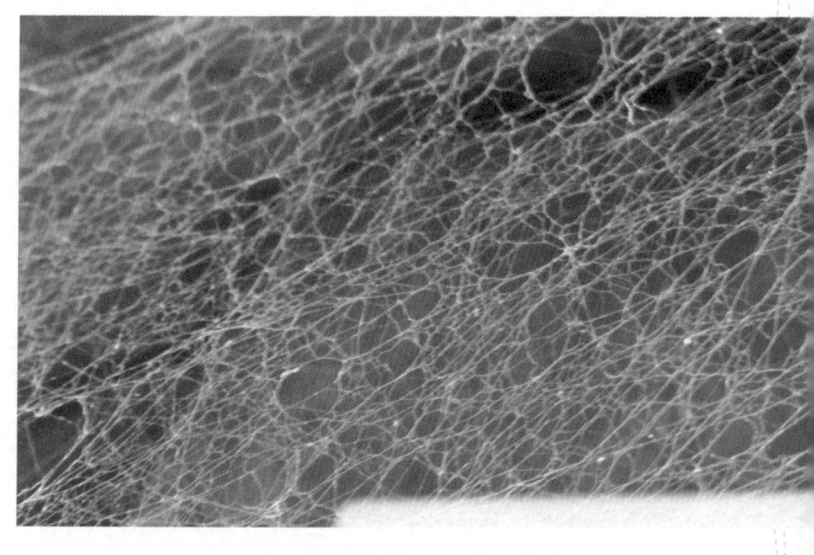

그 속에서 나도 비로소 의미를 갖게 됩니다.
그래서 관계가 존재보다 우선합니다.

가족, 이웃, 친구, 그리고 오가며 마주치는 사람들.
별 관계 없다고 그냥 지나치지 마십시오.
내가 존재하는 이유 또한
그들과의 관계 속에서 드러나는 것이니까요.

경계

제가 살고 있는 곳에서 가장 가까운 이정표입니다.
작게는 영월군과 단양군,
크게는 강원도와 충북도의 경계지점입니다.
그런데다 행정권과 생활권이 다릅니다.
행정상으로는 충북 단양에 속하지만
생활은 주로 거리가 가까운 영월쪽을 이용합니다.

그렇다 보니 불편한 점이 많습니다.
위치를 묻는 분들에게 설명하기도 힘들고,
이쪽 사람이냐, 저쪽 사람이냐,
오해 아닌 오해를 받기도 합니다.
제 자신조차도 헷갈릴 때가 많습니다.

하지만, 그렇기 때문에 양쪽을 다 볼 수 있습니다.
장단점을 비교해 벤치마킹을 할 수도 있습니다.
한쪽에 치우치지 않고 균형을 잡을 수 있습니다.
경계에 사는 이점입니다.

쌍생쌍멸.

세상의 모든 존재와 현상은 쌍으로 존재합니다.

양이 있으면 음이 있고, 얻는 것이 있으면 잃는 것이 있습니다.

웃는 자가 있으면 우는 사람이 있고,

보수가 있으면 진보가 있습니다.

그런 세상을 제대로 인식하기 위해서는 경계에 서야 합니다.

경계에 서서 양쪽을 다 보아야 합니다.

한쪽에 치우쳐서는 다른 쪽을 볼 수가 없습니다.

다른 쪽을 보지 않고 하는 주장과 행동.

독단이요 아집일 뿐입니다.

그러니 경계에 서는 것은 기회주의도 아니고 엑스맨도 아닙니다.

조화와 균형을 위한 불가피한 선택입니다.

님은 지금 어디에 서 계십니까?

빌딩으로 둘러싸인 시내 한복판 길입니까?

그렇다면 밖으로 나와 외곽길을 걸어 보십시오.

도시와 농촌의 풍광을 함께 경험할 수 있습니다.

거리

편지 080

제가 살고 있는 오사리 골짜기입니다.
햇볕이 잘 든다고 해서 양지골,
겨울에 눈이 많이 온다고 설화동으로도 불립니다.
어떻습니까?
배산임수(背山臨水)에 좌청룡 우백호,
태화산의 정기가 모이는 명당 같지 않습니까?

예전부터 이 사진을 찍고 싶었습니다.
하지만 기회가 없었습니다.
마을에서는 마을의 전경을 볼 수 없으니까요.
어제 아침 모처럼 강 건너 산 위에 오른 뒤에야
그동안의 숙원(?)을 풀 수 있었습니다.

그렇습니다.
무엇인가 보기 위해서는 거리가 필요합니다.
집을 보기 위해서는 집에서 나와야 하고,
마을을 보기 위해서는 마을에서 벗어나야 합니다.

보고 싶은 범위에 비례해 거리를 유지해야 합니다.
그래야 제대로 볼 수 있습니다.

'나' 또한 마찬가집니다.
나를 보고 나를 알기 위해서는
거울을 앞에 놓고 그만큼 뒤로 물러나야 합니다.
내 안에 갇혀서는 나를 볼 수 없습니다.

제 주위에도 그런 사람이 있습니다.
다들 듣기 싫어하는데 혼자서 떠드는 사람,
고개를 흔드는데 좋아한다 착각하는 사람,
남들이 어떻게 생각하는지 혼자만 모르는 사람…….
자신에 갇혀 자신을 보지 못하는 사람입니다.

그러고 보니 제 자신도 궁금해집니다.
나는, 나를 볼 수 있는 거리를 갖고 있는지,
나 또한 나에 취해 혼자 떠드는 건 아닌지,
태화산 편지 또한 나만의 넋두리는 아닌지…….
오늘 하루는 가만히 뒤로 물러나
조용히 제 자신을 뒤돌아 봐야겠습니다.

청령포

한적한 산중에서 24시간을 함께 지내니
집사람과 싸울 일이 없을 것 같지만 그렇지도 않습니다.
별 것도 아닌 일로 말다툼을 하고,
얼굴을 붉히고 등을 돌리기도 합니다.
사람 사는 일인데 산중이라고 다르겠습니까?

그럴 때 제가 찾는 곳이 바로 이곳입니다.
서강으로 둘러싸인 청령포,
영월로 귀양 온 단종임금이 머물던 곳입니다.
강가에 앉아 가만히 강물을 바라보고 있으면
중학교 때 배운 왕방연의 시조가 생각납니다.

> 천만리 머나먼 곳에 고운 님 여의옵고
> 내 마음 둘 곳 없어 냇가에 앉았으니
> 저 물도 내 마음 같아 울어 밤길 달린다.

왕방연이 저 강물을 보며 안타까움을 달랬듯,
저 또한 가슴 속 응어리를 저 강물로 씻습니다.

그러고 나면 응어리가 활력으로 바뀝니다.

기쁨이나 즐거움이 그러하듯
분노나 울화 또한 삶의 에너지입니다.
다만 발산하는 방향이 다를 뿐입니다.
두려움을 용기로 바꿀 수 있다면…….
영화 〈명량〉에 나오는 충무공의 독백처럼
그것을 긍정의 에너지로 바꿀 수 있다면
일상이 그만큼 즐겁고 활기로 넘칠 것입니다.

님에게도 쌓인 분노나 울화가 많습니까?
그렇다면 청령포로 오십시오.
왕방연의 시조비 앞에 앉아
흐르는 서강의 강물을 바라보십시오.
가슴 속 응어리가 서서히 정화되는 것을
저처럼 경험할 수 있을 것입니다.

편지 082 촌구석?

"그 촌구석에서 하루 종일 뭐하고 사냐?"
어제 저녁 막역한 친구가 전화를 걸어와
그렇게 안부를 물었습니다.
어찌 어제뿐이겠습니까?
귀농 후 수도 없이 들었던 인삿말입니다.

그때마다 촌구석이란 말이 귀에 거슬렸습니다.
촌은 맞지만 구석은 아니기 때문입니다.
제 입장에서는 오히려 이곳이 세상의 중심이기 때문입니다.

지구는 면체가 아닙니다. 구체입니다.
지구가 둥글다는 것은
어디든지 중심이 될 수 있다는 것을 의미합니다.
그러니 제게는 제가 서 있는 이곳이
지구의 축이요, 세상의 중심입니다.
지구는 이곳을 축으로 자전하고,
세상은 나를 중심으로 움직이고 변화합니다.
그러니 구석이란 애당초 존재하지 않습니다.

저와 님, 그리고 또다른 님과 님…….
그가 서 있는 모든 곳이 지구의 축이요,
그 모두가 세상의 중심이 된다는 것.
지구가 둥글다는 사실이 일깨워주는
자연의 법칙이요 우주의 질서가 아닐는지요.

그래서 이 아침,
저는 세상의 중심에서 나를 외칩니다.
내가 있으므로 세상이 존재하고,
나로 인해 세상의 모든 것이 의미가 있다고…….

편지 083

손맛?

이곳에 내려온 뒤로 저도 음식을 할 때가 많습니다.
고등학교 때부터 자취생활을 한 데다
귀농할 때, '편하게 해 주겠다' 약속을 한 터라
웬만한 국이나 반찬은 제 손으로도 만듭니다.

그렇게 조리를 하다 보니 느끼는 것이 있습니다.
마음에 따라 음식의 맛이 달라진다는 것입니다.
똑같은 재료를 가지고 똑같이 만들어도
콧노래를 흥얼거리며 만드는 것과
마지 못해 인상을 쓰며 만드는 것은
맛도 다르고 몸에 미치는 영향도 다릅니다.

현대물리학의 주류인 양자역학에 의하면
물체는 물론 무형의 마음이나 생각까지도
같은 파동(양자)으로 이루어져 있다고 합니다.
우리가 말하는 기가 바로 그것입니다.
이는 곧 마음이 물체에 영향을 미친다는 것을 의미합니다.
실제로 미국의 어느 대학에서는
이를 실험으로 증명하기도 했습니다.

매일 30분씩 마음 속으로 역기를 들어올리게 했더니
실제로 팔의 근육량이 늘어났다는 것입니다.

음식의 맛 또한 같은 이치가 아닌가 싶습니다.
즐겁고 행복한 마음으로 만들면
그런 기운이 손을 통해 음식에 버무려지고,
인상을 쓰고 성을 내며 만들면
또 그런 기운이 고스란히 음식에 들어갑니다.
그것을 우리는 손맛이라고 부릅니다.

별 비법이 없어도,
특별한 재료가 아니어도,
엄마가 만들어주는 음식은 유난히 맛있습니다.
자식을 위하고 사랑하는 마음이 손맛을 통해
음식에 듬뿍 버무러졌기 때문입니다.
'마음이 괴로울 때는 음식을 하지 마라'는
선인들의 충고 또한 같은 의미일 것입니다.
그러니 내가 한 음식이 밋밋하고 맛이 없다면
재료나 양념을 탓하기에 앞서
마음부터 돌아봐야 할 것 같습니다.
어쩌면 그것이 가장 중요한 양념일 수 있으니까요.

술욕심?

산중에 내려와 살면서 나름대로 욕심을 많이 줄였는데
아직도 버리지 못한 욕심이 있습니다.
어쩌면 더 늘었는지도 모르겠습니다.
술에 대한 욕심입니다.

어제 저녁에도 느닷없이 찾아온 후배와 잔을 부딪쳤습니다.
간단히 한두 잔만 하자고 했는데
술이 들어가니 어디 그렇습니까?
잠깐 사이에 네 병을 비웠습니다.
그리고는 이렇게 새벽에 깨어 후회를 합니다.
다음부터는 정말로…….
니글거리는 속을 달래며 다짐도 합니다.
그래도 술상을 마주하면 또 마음이 약해집니다.
나름대로 의지가 강하다고 믿고 있는데,
그 의지로 담배도 오래 전에 끊었는데,
술병만 앞에 놓이면 왜 이렇게 작아지는지…….

저도 모르게 외로움을 느끼기 때문일까요?
겉으로는 아닌 척해도
사람이 그립고 기다려지기 때문일까요?
그것이 술욕심으로 나타나는 것일까요?
글쎄요, 그런지도 모르겠습니다.
그래도 이제는 나이가 있고, 또 직접 차를 만드니
앞으로는 가급적 차로 대신하려고 하는데,
글쎄요, 그게 가능할지 또한 잘 모르겠습니다.

편지 085

안개

엊그제 베란다에서 바라본 전경입니다.
평상시 같으면 멀리 소백산까지 내려다 보이지만
이날은 한치 앞도 보이지 않았습니다.
짙게 낀 안개 때문이었습니다.
멀리서 보기만 해도 저러한데 저 속에 갇히면 어떻겠습니까?
방향도 거리도 물체도 구분 못하는 혼돈의 상태,
말 그대로 오리무중이 아니겠습니까?

무진기행, 안개꽃, 안개기둥, 겨울안개, 밤안개…….
잠시 희뿌연 안개를 바라보는 동안
머릿속에 떠오른 소설이나 영화 제목입니다.
그러고 보면 문학이나 예술작품 중에는
안개를 소재로 한 것들이 참 많습니다.
그만큼 우리네 인생이
안개와 닮았다는 반증이 아닌가 싶습니다.

저 또한 반백이 넘는 삶을 살아오면서

저와 같은 안개를 여러 번 만났습니다.
내가 지금 어디에 있는지, 어디서 어디를 향해 가고 있는지,
옆에 무엇이 있는지…….
아무 것도 보이지 않고 알 수도 없는 방황의 시간.
그래서 불안하고 혼돈스럽고 회의도 밀려오고…….

하지만 지금 와서 돌이켜 보면
그런 오리무중의 방황이 있었기에
나름대로 방향도 잡고 감각도 익힌 것 같습니다.
저 안개가 걷히고 나면
세상이 더 맑고 깨끗하게 보이는 것처럼 말입니다.

귀농한 지 이제 겨우 2년 반.
앞으로 제가 걷는 길에도 적지 않은 안개가 낄 것입니다.
그래도 피하거나 돌아가지 않을 것입니다.
가운데로 뛰어들어 헤쳐 나갈 것입니다.
인생의 안개는 허무나 정체가 아니라
더 나은 삶을 위한 정화요 성숙의 과정일 것이니까요.

편지 086   합수머리

동강과 서강이 만나 남한강을 이루는 곳,
영월읍에 있는 합수머리입니다.
물이 합해지는 머리, 시작점이란 뜻입니다.
두 강이 합해지니 남한강의 폭은 두 배가 될 것 같은데
그렇지 않습니다.
동강이나 서강과 별반 차이가 없습니다.
모르긴 해도 수심이 꽤나 깊을 것입니다.
그만큼 비우고 자리를 만들어야
두 강이 하나가 될 수 있기 때문입니다.

"저희 두 사람이 사랑으로 하나가 되고자 합니다."
청첩장마다 빠짐없이 등장하는 문구입니다.
25년 전 저희 청첩장에도 그렇게 썼습니다.
지금도 나이에 상관없이
부부를 대변하는 보편적인 말이기도 합니다.
하지만 그 말의 참뜻은 잘 몰랐습니다.
둘이 만나 하나가 되기 위해서는

절반씩 버리고 덜어내야 한다는 사실을요.

둘이 한집에서 산다고 하나가 아닙니다.
오랜 시간을 함께했다고 하나가 아닙니다.
그건 다만 한 곳에 모여 있는 둘일 뿐입니다.
'자아'로 표현되는 나를 절반씩 버리고 덜어내야
저 남한강처럼 완전한 하나가 될 수 있습니다.

태화산으로 내려온 이래
집사람과 24시간을 함께 생활하다 보니
서로 부딪치는 경우가 종종 있습니다.
이제부터라도 그때마다 저 합수머리를 떠올리겠습니다.
부부는 서로 절반씩 덜어내는 관계임을 기억하고
내가 먼저 낮추고 다가가겠습니다.
그것이 저 남한강처럼 완전한 하나가 되는,
행복한 가정의 기본질서임을 알았으니까요.

편지 087 // 가로등

마을에서 집으로 올라오는 산길의 가로등입니다.
1.5km의 거리에 고작 서너 개뿐이지만
그럴수록 더 소중하고 위안이 됩니다.

도시에서는 가로등이 별로 중요하지 않습니다.
휘황찬란한 불빛과 네온사인 속에서
있으나마나한 존재로 누구도 주목하지 않습니다.
하지만 이곳 산중에서는 다릅니다.
칠흑같이 캄캄한 밤, 기나긴 산길을 상상해 보십시오.
저 가로등 하나가 얼마나 필요하고 소중한지,
더 말하지 않아도 실감이 나실 것입니다.

어디 그뿐입니까?
산에서 길을 잃고 헤매는 등산객에게는
말 그대로 생명의 불빛이 되기도 합니다.
똑같은 가로등이지만
있는 장소에 따라 존재감이 그렇게 달라집니다.

저 또한 도시에 살 때는 존재감이 없었습니다.
비슷한 일을 하는 수많은 사람들,
그저 그 중의 한 사람일 뿐이었습니다.
이곳 태화산으로 내려온 지 2년 반.
자화자찬일지 모르지만
도시에서 살 때에 비하면 존재감이 달라졌습니다.
그렇다고 제가 크게 달라진 건 없습니다.
단지 이곳에서는
제가, 제가 하는 일이
그만큼 절실하고 필요하기 때문입니다.
저 가로등처럼 말입니다.

그래서 자리가 중요합니다.
내가 하는 일이 작고 미미할지라도
그것을 절실히 필요로 하는 어딘가가 있습니다.
그곳을 찾아 그곳에서 그 일을 하는 것.
어쩌면 그것이 생의 보람이요 행복이 아닐는지요.

편지 088 우회로

영월읍에서 태화산이 있는 고씨동굴 방향으로 나가는 도로입니다.
이정표에도 보이는 것처럼
어느 길로 가든 고씨동굴에 닿을 수 있습니다.
처음에는 주로 앞쪽의 직선도로를 택했습니다.
휘어짐 없이 직선으로 달리는 길이라
거리가 짧고 시간도 빠르기 때문이었습니다.
요즘에는 우측의 우회도로를 많이 이용합니다.
3~4분 시간이 더 걸리기는 하지만
강변길이라 눈이 즐겁고 마음도 상쾌합니다.
사거리나 신호등이 없어
직선길보다 더 빨리 도달할 때도 있습니다.

우리네 인생에도 우회로가 있습니다.
내가 꿈꾸는 삶의 목적지.
그곳으로 향하는 길은 하나가 아닙니다.
돌아가는 길도 있고, 구부러진 길도 있습니다.
젊었을 때는 직선길 밖에 보이지 않았습니다.

많은 사람들이 몰려드는 넓고 탄탄한 길.
그 길로 들어서지 못하면
낙오되고 도태되는 줄 알았습니다.
우회는 낭비와 같은 뜻으로 받아들였습니다.

하지만 이제는 알 것 같습니다.
돌아가는 길이 시간만 축내는 허송로가 아니라는 것을.
우회로 나름의 멋과 여유가 있고,
직선로가 정체될 때는 더 빠를 수도 있다는 것을.
그래서일까요.
근래 들어 신유의 〈잠자는 공주〉란 노래가
참 마음에 와 닿습니다.
아마도 다음의 가사 때문이 아닌가 싶습니다.

>인생길 걷다가 보면 빙 돌아 가는 길도 있어~
>하루를 울었으면 하루는 웃어야 해요.
>그래야만 견딜 수 있어~~

태화산 편지

가을 편지

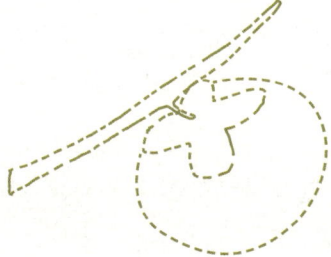

태화산의 가을

투두둑, 투둑, 툭…….

앞마당에서 들려오는 불규칙한 마찰음에 잠에서 깨어납니다. 현관문을 열고 밖으로 나갑니다. 마당가 밤나무 아래 토실토실한 알밤들이 어지럽게 나뒹굴고 있습니다. 누렇게 익은 껍질이 입을 벌리자 무게를 견디지 못하고 떨어지는 밤알들. 가을도 그렇게 성큼 앞마당으로 내려앉습니다.

밤알의 낙하가 가을의 시작이라면 가을의 절정은 감나무의 서정입니다. 가지가 휘어질 정도로 주렁주렁 매달린 감이 붉게 익어가면 사다리를 놓고 나무 위로 올라갑니다.

크고 굵은 감을 골라 한 바구니 따 내려오면 집사람은 곧바로 곶감을 만들기 시작합니다. 하나하나 손으로 깎아 껍질을 제거하고, 꽂이에 꽂아 2층 베란다에 내다 겁니다.

거기까지가 사람의 일. 나머지는 온전히 태화산에 맡깁니다. 산중에 내리쬐는 따가운 햇살과 맑은 바람이 번갈아가며 말리는 곶감. 도시에서는 찾아볼 수 없는, 태화산만의 가을서정입니다.

감은 나무 위에도 있습니다. 절반쯤 따서 곶감으로 말리고, 남겨 둔 절반의 감은 나무 위에서 홍시로 익어갑니다. 따가운 가을햇살에 무르익어 색깔 짙은 홍시가 되면 주머니가 달린 장대를 들고 다가갑니다. 긴 장대를 이리저리 옮겨가며 조심조심 따 담고, 잘못해 터지는 감은 그 자리에서 그냥 베어 먹습니다. 탄닌이 빠져 떫은 맛이 사라지고 부드럽고 달콤함만 가득한 홍시. 입에 착 감기며 사르르 녹아내리는 그 맛을 어떻게 말로 표현하겠습니까?

그렇긴 해도 나무 위의 홍시를 모조리 딸 수는 없습니다. 우리네 겨울 양식인데……. 어디선가 마음 졸이며 보고 있을 산까치들. 그들도 태화산의 일원인데 어느 정도는 남겨둬야 하지 않겠습니까?

그렇게 홍시마저 따고 나면 가을도 막바지에 다다릅니다. 그 많던 이파리가 다 떨어지고 덩그러이 남은 하나의 잎새. 이내 떨어지고 말 마지막 한 잎을 보고 있노라면 오헨리의 단편「마지막 잎새」가 생각납니다. 저 잎마저 떨어지면 내 생명도 끝날 것이다, 병원 벽 담쟁이의 하나 남은 잎을 보며 절망하는 소녀와, 그 소녀를 위해 밤새 붓으로 나뭇잎을 그려 넣었다는 늙은 화가의 이야기 말입니다.

하지만 낙엽은 결코 죽음이 아닙니다. 한겨울의 추위를 이겨내기 위한 나무의 자기 관리요 적극적인 월동 준비일 뿐입니다. 꼭 필요한 최소한의 것만 남기고 다 덜어내는 나무의 월동 준비. 저 또한 과도한 욕심과 겉치레를 버리며 다가오는 겨울에 대비합니다.

사이비

어제 아침 송이를 찾아 산에 올랐습니다.
얼마 전 비가 계속 내려서인지
여러 종류의 버섯이 곳곳에서 눈에 띄었습니다.
송이처럼 보이는 버섯도 꽤 많았습니다.
하지만 다가가 자세히 살펴보면 아니었습니다.
갓은 영락없는 송이인데 대가 가늘고,
대는 비슷하지만 색이나 모양이 조금 달랐습니다.
이건 분명 송이다, 확신을 갖고 채취한 것도
십 년 넘게 채취한 전문가에게 보이면
쓴웃음을 지으며 절레절레 고개를 흔들었습니다.
비슷하지만 아니라는 것이었습니다.
시기가 조금 빨라서인지
송이는 결국 구경조차 하지 못했습니다.

사이비(似而非). 유사하지만 아니다.
이는 송이에만 해당되는 말이 아닐 것입니다.
사람들 사이에도 똑같이 적용될 수 있습니다.

얼핏 보기에는 멋지고 대단하지만
제대로 알고 보면 별것도 아닌 사람,
겉은 번지르한데 속은 형편없는 사람,
말은 청산유수인데 행동은 하나도 없는 사람…….
그런 사람들이 도처에 널려 있습니다.

그러니 중요한 것이 안목입니다.
오랜 경험이 있어야 송이와 독버섯을 구별하듯
보이지 않는 속까지 볼 수 있는 혜안이 있어야
사이비와 비이진(非而眞)을 구별할 수 있습니다.
송이를 찾아 산속을 헤매다니며
송이 대신 찾은 삶의 지혜입니다.

비와 술

아침에 시작된 비가 오전내내 계속되고 있습니다.
일정한 리듬에 맞춰 소록소록 내리는 비.
이런 날이면 왠지 술 생각이 납니다.
생각이 나면 그대로 행할 수 있는 것이 전원생활.
우산을 쓰고 밭에 나가 어수리 잎을 따옵니다.
부침가루를 풀어 전을 부치고
냉장고를 열어 막걸리병을 꺼냅니다.
즉석으로 마련된 조촐한 주안상.
내리는 빗소리를 안주삼아 한 대접 들이켭니다.

비와 술이 어떤 관계가 있을까?
잔을 내려놓고 입술을 훔치자
오랜 의문이 또다시 고개를 치켜듭니다.
어떤 과학적 근거도 제시할 수 없는,
제 개인적인 생각에 불과할지 모르지만
비와 술에는 분명 밀접한 상관관계가 있습니다.

어쩌면 내리는 빗속에 알콜이 섞여 있는지도 모릅니다.
그렇지 않고서야 비가 내릴 때마다
이렇게 술이 당길 수 있겠습니까?
마시는 술의 양 또한 내리는 비와 비례하는지도 모릅니다.
오늘처럼 부슬비가 구질거리는 날에는
막걸리 한두잔 홀짝거려도 좋지만,
장대비라도 쏟아지는 날이면
소주로 나발이라도 불고 싶어지니 말입니다.

님도 술 생각이 나신다구요?
그렇다고 아침부터 술집을 찾을 수도 없으니
부족하나마 온라인으로 드리는 제 술이나 한잔 받으시지요.
태화산의 비를 섞어 거하게 한잔 올리겠습니다.

약과 독

며칠 전 송이를 찾아 산에 올랐다가
송이 대신 발견한 망태버섯과 싸리버섯입니다.
몸에 좋고 맛도 좋다고 하지만
독이 있어 그냥 먹을 수는 없습니다.
삶은 다음 3~4일 정도 물에 불려
독을 없앤 다음에 먹어야 부작용이 없습니다.
알고 보면 버섯뿐이 아닙니다.
두릅이나 고사리 같은 나물을 삶거나 데치는 것도
결국은 독을 제거하기 위한 과정이니까요.

그러고 보면 약과 독은 별반 차이가 없습니다.
좋은 약도 잘못 쓰면 독이 되고,
독도 제대로 다스리면 그게 곧 약이니까요.
결국은 조절과 통제의 문제가 아닌가 싶습니다.

내 주위에는 온통 독버섯 같은 사람들뿐이다,
가슴을 치며 울분을 토하는 분들이 있습니다.
하지만 다시 생각해보면 좋은 기회일 수 있습니다.

독성이 강할수록 약성도 뛰어난 법,
얼마가 걸리든 삶거나 데쳐서 독을 다스리면
더없이 좋은 명약이 될 수 있으니까요.
그러니 정말로 중요한 것은
약이다 독이다가 아니라, 그것을 다스리는 삶의 기술,
조절과 통제의 능력이 아닌가 싶습니다.

귀물

사이비(似而非)가 아닙니다.
이번에는 진짜 송이입니다.
며칠 전 구경도 못하고 돌아온 산에 다시 올라
오전 내내 헤매고 다닌 끝에 얻은 귀물입니다.

송이가 이렇듯 귀한 대접을 받는 것은
희소성 때문이 아닌가 싶습니다.
물론 뛰어난 맛과 향도 빼놓을 수 없지만
재배도 되지 않는 데다
온 산을 뒤져도 구경조차 하기 힘드니
값이 치솟고, 더 찾아다니는 것이 아닐는지요.

사람도 마찬가지가 아닌가 싶습니다.
많은 사람들 중의 하나가 아니라
남과 다른 나만의 가치, 나만의 뭔가가 있어야
인정을 받고 대접을 받는 게 아닐는지요.

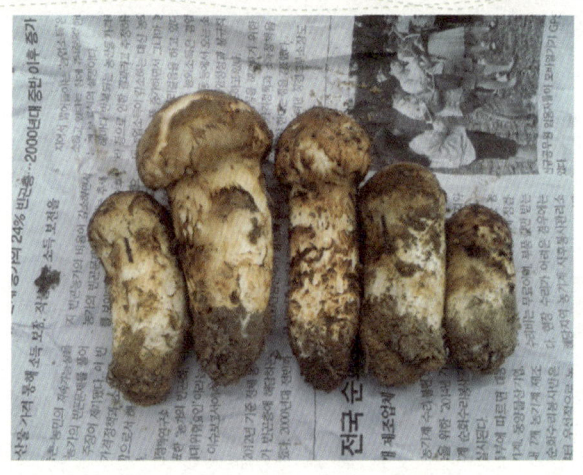

No, Best One! Yes, Only One!
최고의 내가 아니라 오직 하나의 나.
우리가 지향해야 할 가치의 방향이자
아이들에게도 가르쳐야 할 삶의 지침입니다.
제가 농부작가를 지향하는 이유이기도 합니다.

더도 말고 덜도 말고 한가위만 같아라,는 추석명절.
마음 같아서는 님들께 한 송이씩 드리고 싶지만
기껏해야 제삿상에 올릴 것 밖에 되지 않아
이렇게 사진으로 밖에 보여드릴 수 없음을
너그러이 양해해 주시면 감사하겠습니다.
대신 이 송이처럼 귀한 명절이 되기를
슈퍼문이라는 한가위 달님께 빌어드리겠습니다.

편지
093

신은 죽었다?

저희 집 뒤쪽에 있는 옛 성황당입니다.
터만 남아 있을 뿐 찾는 사람이 없습니다.
제가 어렸을 때만 해도
마을마다 있어 대동제도 지내고 했는데
언제부턴가 미신이라 하여
척결과 타도의 대상이 되어 버렸습니다.
산신, 삼신, 용왕신, 마을신······.
친숙한 우리네 신들 또한 함께 떠나갔습니다.

신들의 죽음은 가치의 몰락을 의미합니다.
생명, 정, 우애, 믿음, 정의······.
그동안 우리 사회를 떠받치던 전통적 가치 또한
신들의 꼬리를 붙잡고 사라졌습니다.
절대의 가치인 생명마저 수단과 도구가 되어버렸으니
더 말해 무엇하겠습니까?

니체에 따르면
신이 죽은 사회, 절대적 가치가 무너진 세상에는

허무주의가 팽배한다고 합니다.
자살이 더 이상 뉴스거리도 되지 않는 오늘의 우리 사회가
바로 그 상황이 아닌가 싶습니다.

저도 어제 조상신 앞에 제사를 지냈습니다.
하지만 일 년에 한두 번 지내는 명절제사 또한
이제는 너무나 형식적이 되어버린 것 같아
마음 한편으로 쓸쓸함이 찾아들었습니다.
머지않아 마지막으로 남아 있는 조상신마저
떠날 것 같다는 불길한 생각,
명절이 단지 공휴일에 불과할 뿐이라는 생각이
저 혼자만의 지나친 기우였으면 좋겠습니다.

민들레의 영토

앞마당 돌틈 사이에서 피어난 민들레입니다.
주위를 둘러보니 앞마당뿐이 아닙니다.
사방 어디에서나 샛노란 꽃을 만날 수 있습니다.

민들레에게는 영토가 따로 없습니다.
바람에 날리던 홀씨가 땅에 닿는 곳.
그곳이 삶의 터전이요 생의 현장입니다.
그곳이 어디든 민들레는 개의치 않습니다.
길 옆이든, 바위틈이든, 돌무더기 속이든
한 움큼의 흙만 있으면 싹을 틔우고 꽃을 피웁니다.
어떤 식물보다 예쁘고 생생한 꽃을 피웁니다.

민들레의 꽃말이 행복이라고 합니다.
조건이나 환경을 탓하지 않고
주어진 삶을 긍정하며 살아가는 것.
행복은 어쩌면 그런 것인지도 모릅니다.
이 아침 민들레에게 배우는 삶의 지혜입니다.

편지 095

별

태화산에서 바라보는 밤하늘은 별 천지입니다.
크고 작은 별, 밝고 희미한 별, 멀고 가까운 별…….
모래알처럼 많은 별들이 함께 어우러져
캄캄한 밤하늘을 수놓고 있습니다.
너무 멀어선지 핸드폰으로는 찍히지 않아
사진은 부득이 다른 것을 차용했습니다.

베란다에 앉아 가만히 별을 보고 있으면
알퐁스 도데의 단편 「별」이 생각납니다.
세상에서 가장 예쁜 아가씨를 생각하며 잠이 든
목동의 가슴 위로 별이 내려앉았다는…….

그때와 마찬가지로 지금도 별은 꿈과 동경의 상징입니다.
'별은 내 가슴에', '별을 쏘다', '별이 빛나는 밤에'…….
이외에도 많은 영화와 드라마가
별을 소재로 젊은이들의 꿈과 사랑을 노래했지요.

하지만 요즘 아이들의 가슴 속엔 별이 없습니다.
하고 싶은 것도 없고, 동경하는 것도 없습니다.
왜, 무엇을 위해서도 없이
다들 그렇게 하니 학교에 가고 공부를 합니다.
스모그 때문에 도시에서는 별을 볼 수 없어
그렇게 된 것인지도 모르겠습니다.
별 볼 일 없는 사회, 별 볼 일 없는 세상이 되지 않을까,
벌써부터 걱정이 앞섭니다.

그러니 오늘밤에는 아이들과 함께 밖으로 나가
하늘을 한번 올려다 보시지요.
스모그에 가렸다 해도
자세히 보면 희미하게나마 보이지 않겠습니까?
그래도 보이지 않으면 태화산으로 오십시오.
헤지도 못할 만큼 많은 별을 볼 수 있습니다.
정서와 감성이 무뎌진 내 가슴에,
꿈과 동경이 사라진 아이들 가슴에
빛나는 별 몇 개 따다가 심어주는 것.
오늘 우리에게 주어진
정말로 중요하고 시급한 일이 아닐까 싶습니다.

4차원

송이를 찾아 인근의 산을 헤매고 다니다
물 한 모금 마시며 내려다본 영춘면 전경입니다.
한 폭의 그림처럼 아름답기도 하지만
우리가 사는 세상이 고작 저 정도란 말인가,
찾아드는 자괴감 또한 막을 수 없습니다.
세상과는 조금 떨어져 있는 느낌,
희로애락의 세상사가 작고 초라하게 느껴지는 기분.
산에 오르는 많은 분들이 공감하실 것입니다.

위에서 내려다보면 옆에서는 보이지 않던 것이 보입니다.
차원이 다르기 때문입니다.
옆이 평면의 2차원이라면
위는 입체의 3차원이라 할 수 있으니까요.

2차원의 세상에서는 3차원을 이해할 수 없습니다.
3차원에서는 지극히 정상적인 일도
2차원에서는 기적이요 불가사의일 뿐입니다.
우리가 사는 세상은 시간과 공간의 3차원입니다.
마찬가지로 3차원에서는 4차원 세상을 이해할 수 없습니다.
그래서 도무지 알 수 없는 행동을 하는 사람을 일러
4차원 사람이라고 합니다.

우주생성론의 하나인 초끈이론에 의하면
우주는 10차원으로 되어 있다고 합니다.
우리가 이해할 수 없고, 생각지도 못하는
4차원, 5차원의 세상이 실제로 존재한다는 것입니다.
그렇게 보면 우리가 이따금 목격하는 기적이나 불가사의는
4차원 세상의 일상일 수 있습니다.

4차원은 영성의 세계라고 합니다
나를 알고 내 안에 있는 참자아를 찾으면
도달하게 된다는 깨달음의 세계입니다.
그러니 밖으로만 향하는 발길을 돌려
내 안으로 깊이 들어가 보는 것.
이 가을에 떠나볼 좋은 여행이 아닌가 싶습니다.

해걸이

저희 집 주위에는 감나무가 몇 그루 있습니다.
토종감이라 작고 씨가 많은 편이지만
맛이 좋아 반 곶감을 만들어 먹으면
입에 착 감기는 달콤함이 어디에 비할 바 없습니다.

가을이 깊어가면서 감도 익기 시작합니다.
푸른 잎 사이에서 탱글탱글 빛나는 열매에
노랗게 물이 들기 시작합니다.
하지만 지난해에 비해 작황이 좋지 않습니다.
지난해에는 가지가 휘어질 정도로 많이 달렸었는데
올해는 드문드문 보이는 것이 시원치 않습니다.
감나무도 해걸이를 하는 모양입니다.
그래도 겨우내 먹고 남을 정도니
그만하면 됐지, 더 욕심 부려 무엇하겠습니까?

해걸이.
한 해 작황이 좋으면 이듬해는 좀 못하고,

그 다음해는 또 좋아지고 하는 현상.
세상에 완벽한 존재는 없으니
이 또한 자연스러운 현상이 아닐는지요.

저나 님 또한 마찬가지가 아닌가 싶습니다.
잘할 때가 있으면 조금 못할 때도 있는 법.
잘했다고 우쭐댈 것도, 못했다고 너무 자책할 것도 아닙니다.
잘했으면 못할 때를 대비해 더 자중하고,
못했으면 잘할 때가 있을 것이라 믿고
힘과 용기를 잃지 않는 것.
세상을 사는 현명한 지혜가 아닌가 싶습니다.

편지 098

나팔꽃

어제 아침 마을로 내려갈 때 길 옆에 피어 있던 나팔꽃입니다.
싱그런 이슬을 머금은 보랏빛 꽃이 너무 예뻐
잠시 차를 멈추고 핸드폰을 꺼내 들었습니다.
일을 마치고 집으로 돌아오는 저녁 나절,
그 길을 지날 때 다시 차를 멈췄습니다.
하지만, 싱그런 꽃은 어느새 말라 접히고 있었습니다.
아침에 피었다가 저녁에 지고 마는
나팔꽃처럼 짧은 사랑아, 속절없는 사랑아…….
'립스틱 짙게 바르고'의 가사가 절로 생각났습니다.

흔히들 나팔꽃을 짧은 사랑에 비유합니다.
그래서 그런지 꽃말도 '덧없는 사랑'이라지요.
하지만 다시 생각해보면
짧다는 건 단지 인간의 기준이 아닐는지요.
꽃을 피우고 열매를 맺는 데 부족하지 않다면
그것은 결코 짧은 시간이 아닐 것입니다.
님과 저의 인생 또한 마찬가지 아니겠습니까?

천남성

어제 아침 밭에서 일을 하다 보았습니다.
조금 떨어진 산기슭에 돋아난 붉고 탐스런 열매,
아침햇살을 받아 빛나는 붉은 빛깔이 유난히 시선을 끌었습니다.
팜므파탈같은 자태에 이끌려
잠시 손을 멈추고 가까이 다가갔습니다.
하지만, 그 빛나는 열매를 손으로 만질 수는 없었습니다.
장희빈에게 내린 사약의 재료로 썼다는
바로 그 천남성 열매였기 때문입니다.
독이 얼마나 강한지 만지면 손에도 오른다기에
그저 멍하니 바라볼 수밖에 없었습니다.

악마는 프라다를 입는다고 했던가요?
독초도 이렇듯 화려하고 탐스럽게 피어납니다.
그래야 시선을 끌고 유혹을 할 수 있으니까요.
지금 님의 주변에
꽃미남 같은 자태와 살인미소로 다가오는 남자,
가슴의 상처마저 씻어줄 것 같은

천사의 모습으로 다가오는 여자가 있습니까?
그렇다면 잠시 거리를 두고 바라만 보십시오.
그(녀)가 바로 천남성일 수 있으니까요.

꽃과 벌

마당 한 쪽에 심어놓은 두메부추입니다.
일주일 전부터 보라색 꽃이 활짝 피었습니다.
덩달아 벌들의 비행이 잦아졌습니다.
크고 작은 벌들이 수시로 날아들어 꽃잎에 내려 앉습니다.
허기가 진 것인지, 찾고있던 꽃을 만난 것인지,
한 녀석이 정신없이 꿀을 빨고 있습니다.
금방이라도 떨어질 것 같은 불안한 자세에서도
오로지 꽃잎만 핥고 있는 저 놀라운 집중.
취했다는 것이 저런 것이구나, 실감이 납니다.
벌이 좋아하는 것은 화려한 꽃이 아니랍니다.
강렬한 색이나 진한 향을 풍기는 꽃도 아니랍니다.
좋아하는 꿀을 많이 품고 있는 꽃,
자신의 허기진 곳을 채워줄 수 있는 꽃이랍니다.

가만히 생각해보면
사람들 세상도 마찬가지가 아닌가 싶습니다.
화려하고 강렬한 짝도 좋지만 정말로 좋은 짝은

부족하고 허기진 자리, 허전하고 공허한 가슴을
메워줄 수 있는, 그런 짝이 아닐는지요.
그래서 결혼은 둘이 만나 하나가 되는 거라고 하는가 봅니다.
그렇게 짝을 만나 결혼한 지 25년,
나는 정말 내 빈 가슴을 채워왔는가,
나는 정말 내 짝의 빈 가슴을 채워주었는가,
녀석을 바라보고 있자니 새삼 뒤돌아보게 됩니다.

님은 어떻습니까?
님은 둘이 만나 하나가 되었습니까?
님은 지금 서로의 빈 가슴을 채워주며
온전한 하나로 살아가고 있습니까?

편지
101

쑥부쟁이

밭가에 피어 있는 쑥부쟁이 꽃입니다.
장미처럼 화려하지도, 수선처럼 청순하지도 않습니다.
양귀비처럼 보기 어려운 꽃도 아닙니다.
주변의 들이나 야산에 흔하게 피어나는 작고 소박한 꽃입니다.
산책을 할 때면 눈에 띄어 잠시 발걸음을 멈추게 하는 꽃,
보고 있으면 입가에 미소가 번지게 하는 꽃,
일상의 여유를 즐기게 해주는 그런 꽃입니다.

저 꽃을 보고 있으니
고은 시인의 「그 꽃」이란 짧은 시가 또 생각납니다.
"내려갈 때 보았네. 올라갈 때 보지 못한 그 꽃"
고개를 넘어 내려가는 나이이기 때문일까요?
쑥부쟁이처럼 예전에는 그냥 지나쳤던 것들을
다시금 돌아보게 됩니다.
가족, 친구, 이웃, 일상, 건강…….

지난 주말 고등학교 반창회에 다녀왔습니다.

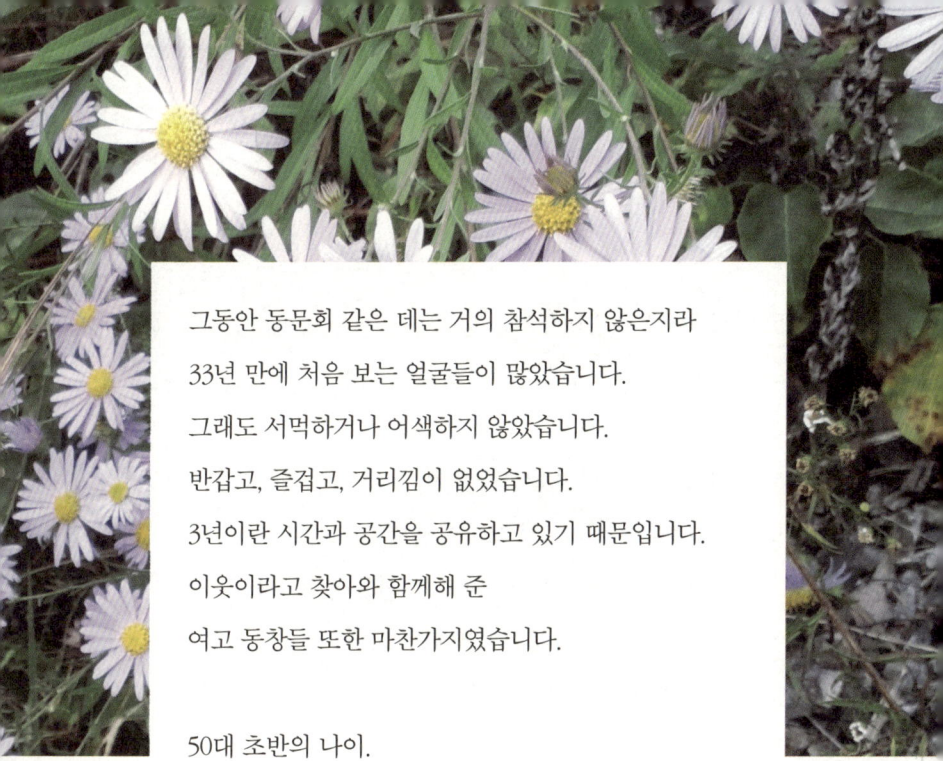

그동안 동문회 같은 데는 거의 참석하지 않은지라
33년 만에 처음 보는 얼굴들이 많았습니다.
그래도 서먹하거나 어색하지 않았습니다.
반갑고, 즐겁고, 거리낌이 없었습니다.
3년이란 시간과 공간을 공유하고 있기 때문입니다.
이웃이라고 찾아와 함께해 준
여고 동창들 또한 마찬가지였습니다.

50대 초반의 나이.
어쩌면 인생의 분수령이 아닌가 싶습니다.
사회적으로 정점에 있으면서도,
한편으로 새로운 삶을 준비해야 하는 시기.
그 때문인지, 술잔을 주고받으며 나누는 대화도
그 쪽으로 많이 쏠렸습니다.
그러고 보면 저는 조금 일찍 시작한 것 같습니다.
50대에 준비하는 새로운 삶.
그것은 어쩌면 저 쑥부쟁이 같은 것인지도 모르겠습니다.

편지 102

고슴도치

말로만 듣던 고슴도치입니다.
어제 오후 공동체 회원 집에 들렀다 보았습니다.
온몸을 두르고 있는 가시가 너무 많고 뾰족해
만지고 싶어도 엄두가 나지 않았습니다.
인터넷을 찾아보니 가시가 5천 개쯤 된답니다.
그런 몸으로도 고슴도치는 사랑을 하고 새끼를 낳습니다.
찔리지 않도록 서로의 가시를 사이에 끼우고,
실수로 찔려 상처가 나도 참고 넘깁니다.
고슴도치의 사랑법입니다.

가시는 우리에게도 있습니다.
그 가시로 다가오는 사람을 찌르고 상처를 줍니다.
가까이 다가갈수록 더 많은 상처를 받습니다.
방어본능 때문입니다.
그러니 다가가거나 다가올 때는
서로를 배려하고 인내해야 합니다.
내 안의 가시를 다독여 상처를 주지 않아야 하고,

상처를 받아도 이해하고 인내해야 합니다.
그래야 서로 손잡고 함께할 수 있습니다.
이름만 들어도 가슴이 시큼해지는 시월의 첫날,
고슴도치에게 배우는 또 하나의 사랑법입니다.

편지 103 가을 모기

옆에 계곡이 있는 데다 농약을 치지 않아선지
저희 집 주변에는 모기가 많습니다.
덥다고 반팔이나 반바지로 밭에 나갔다가는
몇 분도 견디지 못하고 도망치기 십상입니다.
날이 추워지면서 바깥이 좀 잠잠해지자
녀석들이 방안으로 몰려드는지
아침 저녁으로 심심치 않게 눈에 띕니다.
따뜻한 곳을 찾아 활동무대를 옮긴 게 아닌가 싶습니다.

모기 하면 우리는 피를 빨아 먹고 사는 곤충으로 알고 있습니다.
하지만 모기는 피를 먹이로 하지 않는답니다.
과즙이나 이슬 같은 것을 먹고 산다고 합니다.
모기가 피를 빠는 것은 암컷이 알을 수정했을 때라고 합니다.
뱃속의 알이 성장하는 데 단백질이 필요해
동물의 피를 빨아 보충하는 것이라고 합니다.
가을 모기가 더 독하고 극성스러운 것은
추워지기 전에 산란을 하려고

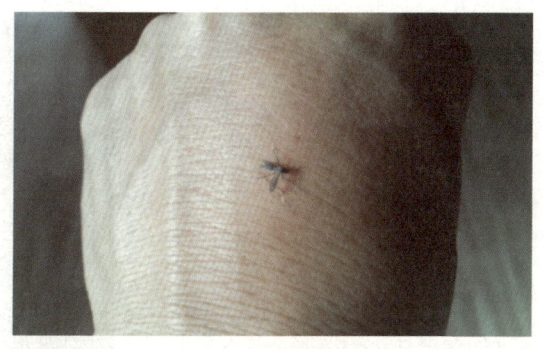

침을 더 깊이 꽂아 더 많은 피를 빨기 때문이랍니다.
뱃속의 알을 위해 죽기를 각오하고 달려들어 침을 꽂는 모기.
참으로 눈물겨운 모성이 아니겠습니까?

그러한 사실을 알고 나니 참 난감해집니다.
지금 제 손등에 내려앉아 침을 꽂는 가을 모기,
어떻게 해야 할까요?
피 도둑으로 몰아 때려잡아야 할까요?
모성애를 높이 사 몇 방울 보시해야 할까요?
님이라면 어떻게 하시겠습니까?

줄타기

10월은 축제의 계절.
가까운 영춘면에서 온달축제가 시작되었습니다.
모처럼 공동체 회원들과 함께 모여
이곳저곳 축제 현장을 둘러보았습니다.

제 발길이 머문 곳은 줄타기였습니다.
허공에 매달아 놓은 외줄을 타고
이쪽 저쪽을 오가는 아슬아슬한 묘기.
젊은 광대(?)의 곡예가 꽤나 현란했습니다.

하지만 제 눈에 비친 것은
짜릿한 스릴이나 기묘한 재주가 아니었습니다.
양극으로 치닫는 우리 사회의 서글픈 현실이었습니다.
이쪽 저쪽만 있고 중간이 사라진 사회,
가운데가 외줄처럼 얇고 불안한 사회,
발 한번 헛디디면 바닥으로 떨어지는 사회…….
우리가 사는 세상이

저 외줄 위와 다를 바 없다는 생각을 하니
얻어 마신 막걸리가 생목이 되어 올라옵니다.

흑과 백 사이에는 무수히 많은 색이 존재합니다.
이쪽과 저쪽 사이에도 광대한 공간이 있습니다.
흑이 아니라고 해서 백이 아닙니다.
이쪽에 없다고 해서 저쪽이 아닙니다.
그런데도 우리는 중간을 용납치 않습니다.
나와 조금이라도 생각이 다르면 반대편으로 몰고,
다른 색이 조금만 섞여도 회색분자로 취급합니다.
갈수록 더해지는 흑백논리와 진영싸움,
그것이야말로
저 허공의 외줄처럼 불안하고 위험천만한 것인데…….

세상은 칼로 무를 자르듯 나뉘는 것이 아닌데,
중간에 무수히 많은 다양성이 존재하는데,
그것을 인정하는 것이 그리도 어렵고 힘이 드는지…….
외줄 타는 광대를 보며 내뱉는 저만의 푸념입니다.

각시투구꽃

며칠전 이곳을 찾아준 벗을 통해 알게 되었습니다.

저것이 각시투구꽃이라는 사실을.

그 얘기를 듣고 다시 보니

꽃 모양이 앉아 있는 새색시 같기도 하고,

꽃잎이 병사들 투구와 닮은 것도 같습니다.

각시와 투구.

상반된 두 단어가 합쳐져 이름이 된 것처럼

각시투구꽃, 일명 초오는
사약이나 독화살을 만드는 데 쓰이는 독이지만
관절염이나 중풍에 약으로도 쓴다고 합니다.
독도 잘 다스리면 약이 되는 것입니다.
그러니 세상에는 독초도 없고 약초도 없습니다.
다만 스스로 자라는 풀이 있을 뿐입니다.
그것을 독초로 쓰느냐, 약으로 쓰느냐 하는 것은
쓰는 사람의 선택과 의지에 달려 있습니다.

어디 초오뿐이겠습니까?
인생에서 일어나는 갖가지 사건이
우리에게 어떤 영향을 미칠지를 결정하는 것은
사건 그 자체가 아닙니다. 사건에 대한 우리의 반응입니다.
똑같은 위기가 닥쳤을 때 좌절해 쓰러지는 사람이 있는 반면
기회로 활용해 더 도약하는 사람도 있습니다.
선택과 의지의 차이입니다.

님은 어떻습니까?
세상이 님을 향해 칼을 던질 때
님은 칼자루를 잡습니까? 아니면 칼날을 잡습니까?

흔들림

산중에 산다고 늘 마음이 평온한 것은 아닙니다.
골짜기를 따라 강풍이 휘몰아칠 때는
제 마음도 심하게 흔들립니다.
내가 선택한 이 길이 정녕 옳은 길인가?
귀농으로 가장한 현실 도피는 아닌가?
언젠가는 내가 원하는 것을 얻을 수 있을까?
불안하기도 하고, 의구심이 들기도 합니다.

그럴 때면 베란다에 나와 나무들을 바라봅니다.
춤을 추듯 바람에 흔들리는 가지들.
하지만 자세히 보면
흔들리는 것은 살아있는 가지입니다.
죽은 가지는 미동도 하지 않습니다.
바람이 심하면 부러질 뿐입니다.

그렇습니다.
흔들린다는 것은 살아있다는 증거입니다.
불안, 갈등, 고뇌, 의심 등
수시로 찾아드는 내 감정의 소용돌이 또한
내가 살아 숨쉬고 있음을,
내 삶이 역동적임을 보여주는 반증들입니다.

그러니 흔들린다고 너무 자책하지 않겠습니다.
다만 부러지지 않도록 조심하겠습니다.
도종환 시인의 표현처럼
흔들리며 피는 꽃, 그것이 인생이니까요.

상생과 상극

산중의 추위는 시내보다 더 빠르게 찾아옵니다.
아침 저녁으로 계속되는 쌀쌀한 날씨,
며칠 전부터 안방에 군불을 지폈습니다.

그때부터 아궁이는 사색의 장소가 되었습니다.
아궁이 앞에 앉아 활활 타오르는 불꽃을 보고 있으면
우주의 질서라는 오행의 원리가 생각납니다.
목생화, 화생토, 토생금, 금생수, 수생목.
수극화, 화극금, 금극목, 목극토, 토극수.
상생과 상극이 반복되며 전개되는 것이
우주의 원리요 자연의 섭리라지요.

그렇습니다.
상생이 있으면 상극도 있어야 합니다.
상극이 없이 상생만 있다면 어떻게 되겠습니까?
모르긴 해도 세상은 곧 종말을 맞을 것입니다.
우리네 일상 또한 마찬가지가 아닐는지요.

정(正)이 있으면 반(反)이 있어야 합(合)이 이루어집니다.
그러니 지금 내 앞을 막아서는 상대나 반론은
길게 보면 악도 아니요 장애도 아닙니다.
합으로 가는 동료요, 과정일 뿐입니다.
타닥타닥 소리를 내며 타는 불꽃이 일깨워주는
또 하나의 삶의 지혜입니다.

어수리밥상

김삿갓의 청정환경에서 자라는 어수리.
임금님께 드리는 나물, 어수리를 개발해
슬로시티 김삿갓의 새로운 슬로푸드,
나아가 영월의 특화 음식으로 만들겠다는,
저와 주민들의 노력이 조금씩 열매를 맺어가고 있습니다.

그 첫번째 열매가
다가오는 김삿갓 축제에서 선보일 어수리밥상 시식회.
어수리나물밥과 어수리장국을 주메뉴로
김치, 전병, 장아찌 등 12가지 어수리반찬,
거기에 어수리찐빵과 어수리떡,
그리고 화룡정점의 어수리막걸리까지.
그동안 개발한 어수리 음식을 모두 상에 올립니다.
그리고 또 하나,
음식을 먹으며 나눌 어수리 이야기도 있습니다.
단종 임금의 애틋한 사랑이 담긴.

어수리더덕구이

어떻습니까?

이만하면 제대로 준비한 한상차림 아닙니까?

입에 침이 고이고 구미가 당기지 않습니까?

이제 조금만 더 참아 주십시오.

이번 시식회를 토대로

김삿갓에 오시면 어수리밥상을 받을 수 있는 환경을

최대한 빨리 만들겠습니다.

영월, 김삿갓, 단종, 그리고 어수리밥상.

이제 하나의 연결고리로 기억해 주십시오.

산속음악회

단풍이 붉게 물든 10월의 멋진 날,
저희 집 뒤편,
저희보다 더 높은 곳에 자리잡은
공동체 회원의 태화산 자연농원에서
농어촌사랑 클래식 콘서트가 열렸습니다.
마을 주민과 지인 80여 명 앞에서 펼쳐진
'우주호와 음악 친구들' 여덟 분의 공연.
민요, 가곡, 오페라, 뮤지컬…….
다채롭고 친숙한 클래식 향기에 취해
심신이 모처럼 호사를 누렸습니다.
특히 다들 좋아하는 넬라판타지오를 부를 때는
단풍으로 물든 고즈넉한 산촌 풍광과 어울려
노래 제목처럼 환상 속으로 빠져들었습니다.
아, 이런 것이 음악의 힘이구나,
하루가 지난 지금까지도 여운이 남았습니다.

몇 가구 없는 산중에서의 클래식 콘서트.

그것이 어떻게 가능할까 궁금하시죠?
답은 농촌이기 때문입니다.
농촌지역의 문화생활 지원을 위해
정부에서 공연 프로그램을 운영하고 있고,
그것이 이번에 저희와 연결된 것입니다.
당연히 모든 공연은 무료로 진행되었습니다.

시월의 어느 멋진 날,
단풍과 석양 속에서 펼쳐진 클래식 향기.
함께한 모든 분들의 가슴속에
오래도록 여운으로 남을 것입니다.

편지 110. 최소한의 자존심?

"이렇게 웰빙 음식만 먹으니 얼마나 좋을까?"
저희 집을 찾아와 함께 식사를 한 분들이
이구동성으로 하는 말입니다.
하지만 그건 방문객들의 눈에 비친 모습일 뿐,
둘이만 있을 때는 그렇지도 않습니다.
특히 요즘처럼 일이 많고 바쁠 때는
시간도 없고 귀찮기도 해
라면으로 끼니를 때우는 경우가 많습니다.
그럴 때도 명색이 산장농원인데
똑같은 라면을 먹을 수는 없지 않습니까?
가스렌지에 물을 올려 놓고 밖으로 나가
밭가에 돋아난 가을냉이를 몇 포기 뽑아옵니다.
라면이 다 끓을 때쯤 그 위에 얹습니다.
얼큰한 라면 사이로 배어나는 향긋한 냉이 향,
같은 라면이라도 맛이 다릅니다.
라면을 먹더라도 조금은 색다르게.
귀농 2년차가 견지하는 최소한의 자존심입니다.

하늘의 일

편지 111

어수리밥상이 첫선을 보이는 김삿갓 축제일,
잠을 깨자마자 문을 열고 밖을 내다봅니다.
희뿌연 어둠 속에서 빗방울 떨어지는 것이 보입니다.
오늘과 내일 전국적으로 비가 온다는 일기예보 때문에
걱정이 많았는데, 결국 오긴 오나 봅니다.
하늘도 얄궂지, 하필이면 오늘같은 날…….
푸념 섞인 한마디를 내뱉고 이내 문을 닫습니다.
그건 제가 어찌할 수 없는 하늘의 일이니까요.

세상에는 내 일이 있고, 네 일이 있고,
하늘의 일이 있다고 합니다.
네 일에 주제넘게 참견하고 나서는 것도 문제지만,
하늘의 일에 감 놔라 배 놔라 하는 것도
아무런 의미가 없는 공염불일 뿐입니다.

비를 내리고 말고는 하늘이 알아서 할 하늘의 일.
내가 해야 할 내 일은
대비를 하고 점검을 하는 일일 것입니다.

나름대로 준비는 했지만
그래도 부족하고 잘못된 것은 없는지,
비가 계속되면 어떻게 대비해야 할지,
더 일찍 현장에 나가 차근차근 살펴보렵니다.
그러면서도 한편으로 찾아드는 바람,
제발 행사가 열리는 낮시간만이라도…….
마음속 간절한 기원만은 어쩔 수 없습니다.

위기 危機

오전 내내 비가 이어졌습니다.
축제 준비는 그야말로 엉망이 되었습니다.
물이 고여 질퍽질퍽한 운동장에
지대가 낮아 물웅덩이로 변한 시식회 천막 안.
비를 맞으며 고인 물을 퍼내느라
그야말로 물에 빠진 생쥐가 되었습니다.

그런 악조건 속에서도
힘을 모아 어수리밥상을 차렸습니다.
날 하나는 기가 막히게 잡는다,
농을 하면서도 빗속에 상을 차린 김삿갓 장금이들.
덕분에 어렵사리 준비를 마쳤습니다.
그에 대한 하늘의 응답인지,
님께서 걱정해 주고 기원해 주신 덕분인지
시간이 되자 다행히 빗줄기가 잦아들었습니다.

그렇게 시작된 시식회는 기대 이상이었습니다.

박선규 군수님은 연신 대박과 감동을 외쳤고,
멀리서 오신 귀빈들 또한
수시로 엄지손가락을 치켜들었습니다.
불행 중 다행이 아닐 수 없습니다.

위기(危機)라는 말 속에는
위험(危險)과 기회(機會)의 의미가 함께 내포되어 있습니다.
위기가 닥쳤을 때 위(危)를 보면 위험이 되지만
기(機)를 보면 도약의 기회가 된다고 합니다.
지금 님의 목전에 위기가 닥쳤습니까?
그렇다면 피하려 하지 말고 부딪치십시오.
님은 또한 도약의 기회를 맞이한 것이니까요.

단풍

김삿갓에서 영월로 들어가는 지방도로,
길가의 단풍이 너무 예뻐 잠시 차를 멈췄습니다.
갖가지 색이 뒤엉켜 연출하는 빛깔의 향연,
어떻게 말로 표현할 수가 없어
입만 벌리고 멍하니 바라만 보았습니다.

단풍은 여름내 풍성했던 푸르름이 빠지며
서서히 낙엽으로 변해 가는 장년의 과정입니다.
머지않아 떨어져 흩날릴 장년의 시기가
저리도 멋지고 아름다운 것은
아마도 자족과 순응 때문이 아닌가 싶습니다.
지나온 삶에 대한 자족과
자연의 섭리에 대한 순응이
씨줄과 날줄이 되어 엮어내는 생의 무늬.
단풍은 어쩌면 그런 것인지도 모릅니다.

제 나이 쉰셋.
어쩌면 저도 서서히 단풍이 드는 시기입니다.

젊은날의 혈기와 열정은 줄어들고
지나온 삶을 관조하는 지천명의 나이.
나는 과연 내 삶에 자족하고 순응하는지,
나 또한 저 단풍처럼 멋지고 아름답게 늙어갈 수 있을지…….
조용히 내 인생의 단풍을 생각해 봅니다.

불쏘시개

매일 아침 아궁이에 군불을 때다 보니
이젠 불을 피우는 데에도 요령이 생겼습니다.
먼저 바람이 잘 들도록 받침대를 받쳐놓고,
그 위에 바싹 마른 불쏘시개를 올려놓습니다.
그런 다음 장작 몇 개 걸쳐놓고,
종이에 불을 붙여 아래에 집어넣습니다.

종이의 불은 이내 불쏘시개로 옮겨붙고
불쏘시개가 활활 타면서 장작불을 피워 올립니다.
그때마다 제 시선을 끄는 것이 불쏘시개입니다.
먼저 자신을 태워 불길을 일으키는 헌신,
장작에 옮겨붙을 때까지 불길을 잡고 있는 인내,
장작이 타면 장작불 속으로 사라지는 소멸…….
그런 불쏘시개가 있기에
두꺼운 장작에도 불을 지필 수 있습니다.

FTA다 뭐다 해서 갈수록 어려워지는 농촌.
농촌에도 새로운 변화의 불길이 필요합니다.
소품목 대량 생산에서 다품목 소량 생산으로,
거래가 아니라 관계가 우선이 되는 시스템으로,
생산자와 소비자가 하나 되는 생비자 운동으로,
변화의 불길이 들불처럼 번져야 합니다.
그 불길을 일으키는 마을 부흥의 불쏘시개,
제가 귀농을 선택한 이유이자 두 번째 인생의 지향점입니다.
내가 과연 그 역할을 감당할 수 있을지,
저 불쏘시개처럼 장작불을 피워올릴 수 있을지…….
아궁이에 불을 피우며
제 가슴속 장작에도 불을 지핍니다.

산수유

새빨간 열매가 너무나 예쁜 산수유입니다.
만지면 톡, 터지며 빨간 물이 줄줄 흐를 것 같은,
남성들 감성을 자극하는 매혹적인 열매입니다.
하지만, 산수유 하면 떠오르는 것은 이 열매가 아닙니다.
봄을 노랗게 물들이는 화사한 꽃도 아닙니다.
"남자한테 정말 좋은데, 어떻게 표현할 방법이 없네."
고민하고 답답해하는 한 남자의 독백입니다.

그렇습니다.
우리들 뇌리에 기억되는 것은
화려한 외양도 아니요, 뛰어난 효능도 아닙니다.
그것이 갖고 있는 특별한 이야기입니다.
브랜드의 힘, 스토리의 힘입니다.

어수리밥상을 영월의 특화음식으로 만들기 위한
저의 고민과 노력 또한
그러한 스토리 개발에 맞춰졌습니다.

어수리와 영월을 연계시키고,
어수리 하면 제일 먼저 영월을 떠올리게 하는,
영월만의 특별한 어수리 이야기.
내일이면 전국에 공개될 그 이야기가
님의 가슴에 닿고, 님의 뇌리에 오래도록 기억될 수 있을지,
벌써부터 가슴이 두근거립니다.

방송 촬영

열흘전 KBS에서 연락이 왔습니다.
1TV 〈6시 내고향〉 팀에서
어수리밥상을 취재하고 싶다는 것이었습니다.
김삿갓 축제 보도자료에 어수리밥상 시식회를 소개했는데,
그것을 보고 연락을 해온 것이었습니다.
어떻게 해야 할지 조금 고민이 되었습니다.
수확철도 아닌 지금 시점에서 방송이 나가면
오히려 불신을 초래할 우려가 있습니다.

하지만 어수리밥상을 전국에 소개할 수 있는,
흔치 않은 기회를 그냥 포기할 수도 없었습니다.
논의를 거쳐 슬로시티 김삿갓의 새로운 슬로푸드,
영월만의 특화된 향토음식 개발에 컨셉을 맞춘다는 조건으로
취재에 임했습니다.
특히 영월 백성들이 귀양 온 단종임금께 드리던 나물이라는,
어수리의 유래를 부각시키기 위해
그 상황을 재연하는 장면도 연출했습니다.
그렇게 촬영된 어수리밥상이
오늘 저녁 6시 KBS-1TV〈6시 내고향〉을 통해 방영됩니다.
관심을 갖고 한번 봐 주시면 감사하겠습니다.

편지 117 가을서정

제가 제일 좋아하는 우리집 풍경입니다.
나무에서 익어가는 감이 눈을 즐겁게 한다면
베란다에서 말리는 감은 오감을 자극합니다.
가을을 대변하는 아름다운 풍광에 쫀득쫀득한 촉감,
혀에 착 감기는 달콤함까지…….
보고만 있어도 마음이 흐뭇해집니다.

저렇게 열흘 정도 지나면
겉은 말라 젤리처럼 쫀득쫀득해지고,
탄닌이 빠진 속살은 꿀처럼 달콤해집니다.
하나씩 빼 입에 넣고 씹으면 저절로 튀어나오는 탄성,
"인생 뭐 있어!"

님의 입에도 침이 고이신다구요?
그렇다면 하루쯤 빼 먹고(?) 태화산으로 오십시오.
누구 말마따나 인생 뭐 있습니까?

관계의 가치

저희집 고들빼기 김치입니다.
밭가에 자란 것을 직접 캐다 담궜습니다.
식당에서 먹는 것과 비교하면
맛은 어떨지 몰라도 만족감은 비교가 되지 않습니다.
내가 직접 캔 것으로 내 손으로 담궜다는,
나와 고들빼기와의 관계.
그 관계의 가치가 더해지기 때문입니다.

소비자 또한 마찬가지가 아닐는지요.
어디서, 어떤 사람이 생산했는지,
심지어 국내산인지 외국산인지도 모르는 마트의 물건과
내가 아는 그 사람이,
내가 가 본 그 밭에서 생산한 농산물은
만족도에서 차이가 날 수밖에 없습니다.
관계의 가치가 다르기 때문입니다.
직거래가 각광받는 또다른 이유이기도 합니다.

가을은 수확의 계절,
이곳에서는 잡곡과 절임배추를 많이 합니다.
저희야 저희 먹을 것 밖에 되지 않지만
공동체 회원이나 조합원들은 농사가 많습니다.
기회가 되는 대로 하나씩 소개하겠습니다.
님과 저, 님과 김삿갓과의 관계의 가치를 높이는
또 하나의 매개가 되었으면 좋겠습니다.

도끼질

태화산에서의 변신, 이번엔 강쇠입니다.
얼마 전 친구들이 날라준 통나무 중에서
굵은 놈들만 따로 골랐습니다.
벽난로에 땔 장작을 패기 위해섭니다.
도끼를 머리 위로 들어 힘껏 내리치자
아름드리 나무가 쩍, 소리를 내며 갈라집니다.
그럴 때면 분수처럼 치솟는 쾌감,
입가에는 저절로 미소가 번집니다.

하지만, 다 그런 건 아닙니다.
한 번에 쫙, 쪼개지는 나무가 있는가 하면
아무리 찍어도 갈라지지 않는 나무도 있습니다.
덜 마르고 옹이가 박힌 나무입니다.
"그래, 니가 이기나 내가 이기나 한번 해보자!"
예전 같으면 이를 악물고 끝장을 보려 했을 것입니다.
지금은 슬그머니 한쪽으로 치워놓습니다.
시간이 지나면 바짝 마를 것이고,
그때 패면 수월하게 갈라지기 때문입니다.

인생에서도 종종 그런 경험을 하게 됩니다.
아무리 붙들고 씨름을 해도 방법이 없던 문제가
시간이 지나면 실타래가 풀리듯
자연스럽게 해결이 되는 그런 경험 말입니다.
그래서 '시간이 약'이라고 하는지도 모릅니다.
서둘러서 좋을 게 별로 없다는 자각,
천천히 가는 것이 더 빠를 수도 있다는 깨달음.
장작을 패며 배우는 또 하나의 삶의 지혜입니다.

파종

새로 만든 다랑이밭에 어수리씨앗을 뿌렸습니다.
비닐을 피복한 다음 서너 개씩 뿌리고,
그 위를 흙으로 살짝 덮어 주었습니다.
내년 봄 언 땅을 뚫고 나올 싹을 떠올리면서.

잘 집히지도 않을 만큼 작고 가벼운 씨앗을
한 줄 한 줄 조심스레 파종하고 있으니
머릿속에서는 또다시 궁금증이 피어오릅니다.
이 속에 도대체 무엇이 들었을까,
입김에도 날리는 이 티끌 같은 씨앗이
어떻게 한겨울의 추위와 눈보라를 이겨내고
뿌리를 내리고 싹을 틔우는 것일까…….
아무리 생각해도 이해가 되지 않습니다.
어떠한 지식과 논리로도 설명이 안 되는 현상,
그래서 씨앗은 신비요 경이가 아닌가 싶습니다.

씨앗과 같은 것이 또 하나 있습니다.

바로 '희망'이라는 녀석입니다.
녀석 또한 우리의 상상을 초월합니다.

어디에서 그런 힘이 나오는지,
극한의 상황에서도 싹을 틔우고 꽃을 피웁니다.
누구도 예상하지 못하는 기적을 만들어냅니다.
그러니 어떤 일이 있어도
녀석만은 꽉 움켜쥐고 놓지 말아야 합니다.

겨울이 다가오고 있습니다.
산중의 겨울은 더 춥고 매섭습니다.
그래도 괜찮습니다.
땅속에는 씨앗이, 가슴 속에는 희망이 있으니까요.

마지막 잎새

마당 아래 서 있는 뽕나무입니다.
차디찬 바람에 잎이 다 떨어지고 마지막 한 잎이 남았습니다.
앙상한 가지 끝에 남아 있는 마지막 잎새.
이내 떨어지고 말 메마른 잎을 쳐다보니
오헨리의 단편「마지막 잎새」가 생각납니다.
저 잎마저 떨어지면 내 생명도 끝날 것이다,
병원 벽 담쟁이의 하나 남은 잎을 보며 절망하는 소녀를 위해
밤새 붓으로 나뭇잎을 그려 넣었다는
늙은 화가의 이야기 말입니다.

하지만, 낙엽은 죽음이 아닙니다.

한겨울의 추위와 눈보라를 이겨내기 위한
나무의 자기관리요, 적극적인 월동준비입니다.
그러니 절망하고 슬퍼할 것이 아니라
어깨를 쳐 주며 격려하고 응원해야 합니다.

겨울이 다가오면 자연은 그렇게 자신을 덜어냅니다.
꼭 필요한 최소한의 것만 남기고 다 덜어내는 것.
추위에 대처하는 나무의 생존방식입니다.
그렇다면 나는?
산중의 겨울은 하루가 다르게 다가오는데
나는 무엇을 얼마나 덜어내고 있는지,
더 채우고 쌓으려 하고 있지는 않은지…….
이내 마지막 잎새마저 덜어낼 나무를 보며
내 자신의 월동준비를 뒤돌아보는 아침입니다.

어수리김치

어수리밥상을 영월군의 특화음식으로!
슬로시티 김삿갓의 새로운 슬로푸드로!
이 특별한 과업(?)을 하루라도 더 빨리 실현하기 위해
또다시 김삿갓 장금이들과 머리를 맞댔습니다.
이번에 개발하는 레시피는 어수리김치.
보쌈김치, 배추김치를 담글 때
갓 대신 어수리를 활용하자는 것이었습니다.

붉디 붉은 양념장과 진록의 어수리 잎.
달고 쓰고 매운 양념맛과 향긋한 어수리향.
거기에 배추의 담백함까지 더해지자
눈과 코가 한순간에 내려앉았습니다.
금단현상처럼 쩍쩍 벌어지는 입,
샘물처럼 끊이지 않고 올라오는 침,
더는 견딜 수 없어
대낮이고 뭐고, 막걸리를 찾아 따르고야 말았습니다.
한잔 마시고 한 점 싸서 입에 넣자
배추맛 뒤로 번져오는 향긋한 어수리향.

산해진미가 다 무슨 소용이냐,
막걸리가 꿀처럼 달았습니다.
혼자서 연거푸 몇 잔을 들이마셨습니다.

그러다 대낮부터 취하면 어떡하느냐구요?
그건 제 탓이 아니라 저 어수리김치 탓입니다.
마시지 않고는 견딜 수 없게 만들었으니까요.
무슨 그런 말도 안 되는 소리를 하느냐구요?
너무 그렇게 채근하지 마십시오.
님이 제 입장이라도 똑같을 것이니까요.
보세요.
사진만 보고도 벌써 침이 고이지 않습니까?

흙

편지 123

올해 일군 다랑이밭입니다.
수시로 나무를 베고 뿌리를 파내고
땅을 골라 모종을 심고 씨를 뿌렸습니다.
시간도 많이 걸렸고, 몸도 꽤나 힘들었습니다.
"포크레인 하루 쓰면 될 것을……."
얼마 전 품앗이 온 공동체 회원이 미련하다고 한마디 했지만,
저는 세차게 고개를 흔들었습니다.
땅을 일구는 것이 노동만은 아니기 때문입니다.

일을 하다 힘이 들면 그대로 땅에 주저앉아
흙을 뒤집고, 손에 움켜쥐고, 냄새를 맡습니다.
이내 피로가 풀리고 마음도 평온해집니다.
흙 속에서 나오는, 보이지 않는 기운 때문입니다.

한 줌의 흙 속에는 수억의 토양생물이 있다지요.
그 무형의 생물들이 움직이며 만들어내는 기운,
생명을 품고 키우는 모태와도 같은 기운이
손끝을 통해 온몸으로 전해지기 때문입니다.

나이가 들면 농촌이 그리워지는 것 또한
흙에 대한 원초적 본능이 아닌가 싶습니다.

서울에서는 이제 흙 한 줌 보기도 힘들어졌지요.
어쩌면, 태어나서 죽을 때까지
한번 만져보지 못하는 사람도 있을 것입니다.
그보다 불행한 사람이 또 어디 있겠습니까?
그런 분들을 위해 언젠가 기회가 되면
흙을 물처럼 상품으로도 만들어 볼 생각입니다.
그러니 땅을 파는 것은 노동만이 아닙니다.
생명과의 교감이요, 원초적 본능의 충족입니다.
그 본능에 이끌려
저는 오늘도 괭이를 들고 밭으로 향합니다.

약초차

편지 124

김삿갓까지 오셔서 어수리밥을 드셨는데
후식으로 커피를 드릴 수는 없지 않습니까?
그래서 개발중인 또 하나의 상품이
김삿갓의 향기, 약초차입니다.

강원도 유일의 국제슬로시티 김삿갓에는
향이 좋고 약성도 좋은 약초나 열매가 많습니다.
산죽을 비롯해 조팝꽃, 오가피, 마가목, 겨우살이…….
계절에 따라 피고 맺는 원료들을 채취,

아홉 번 덖고 덖어 차로 만드는 것입니다.
선비처럼 청아하고 깔끔한 향이 우러나는 산죽차,
천연 아스피린이라는 조팝나무꽃차,
피를 맑게 하고 당뇨 비만을 개선하는 어수리차…….
이 외에도 다양한 약초차를 만들어
내년부터는 판매도 할 생각입니다.

마음이 불안하고 몸이 피로하십니까?
그렇다면 저희 김삿갓으로 오십시오.
산속의 슬로시티에서 즐기는
새로운 웰빙 음식 어수리밥상과 약초차.
몸도 마음도 호사를 누릴 것입니다.

볼펜탑

이곳 태화산에 자리를 잡은 이래
만들고 싶은 것이 하나 있었습니다.
저희 집을 대표하는 상징물이자
이곳에 오신 님들을 기억할 수 있는 기념물,
님과 제가 함께 만드는 조형물이었습니다.
계곡의 돌을 하나씩 쌓아 돌탑을 만들까?
마당가 나무에 노란 손수건을 하나씩 두를까?
남산에 있는 것처럼 자물쇠를 하나씩 채울까?
나름대로 의미야 있겠지만
그래 이것이다, 가슴에 와닿는 것이 없었습니다.
차별성도 없고 상징성도 부족했습니다.

얼마전 창고 한구석에서
다 쓴 볼펜을 모아둔 상자를 보았을 때에야
머리를 때리는 전율 같은 것이 느껴졌습니다.
곧바로 실행에 옮겼습니다.
그렇게 해서 만든 것이 바로 이 볼펜탑입니다.

작가를 상징하는 볼펜으로 둘러싼 탑과
그 안에 심어놓은 주작목 어수리.
농부작가라는 저의 꿈을 표상하는,
다른 어디에도 없는 조형물.
아울러 이곳에 오신 님들을 기억할 수 있고,
님들과 함께 확장해 나갈 수 있는 기념물.
볼수록 마음이 흡족했습니다.

하지만 이제 겨우 기초를 쌓은 단계.
앞으로의 작업은 님과 함께하고 싶습니다.
혹여 이곳 태화산에 오시게 되면
다 쓴 볼펜을 하나씩 가지고 오십시오.
볼펜에 이름을 적어 테이프로 두르고
저 옆에 두텁게 박고 위로 쌓아 주십시오.
님의 손때 묻은 볼펜을 남겨 주십시오.
그렇게 하나씩 하나씩 쌓아 나가다 보면
저희 집의 멋진 상징물이 되지 않겠습니까.
님과 제가 합작으로 만들어가는
아주 특별한 예술품이 되지 않겠습니까.

와송된장

"이런 데서 장을 담그면 정말 좋겠네요."
며칠 전 저희 집에 들른 전통식품 명인께서
주변을 둘러보시고 하신 첫 말씀이었습니다.
물이 좋은데다 공기도 맑고 쾌적하니
장을 담그는 데는 최적이라는 것이었습니다.

그 때문일까요?
귀농 첫해인 지난해
아무 것도 몰라 여기저기 물어 가며 담궜는데도
장이 맛있게 익어
요즘 이틀이 멀다 하고 장국을 먹고 있습니다.
태화산의 땅과 물과 햇볕과 바람이
부족한 손맛을 보충해 준 것 같습니다.

한 번의 경험에 자신감이 생긴 것일까요?
올해는 한 단계 더 업그레이드했습니다.
저희가 재배하는 와송을 콩과 함께 삶아

와송된장을 만들기로 한 것입니다.
암에 좋은 된장에 최고의 항암식물인 와송이 결합하면
어떤 시너지효과가 창출될지,
저 또한 설레는 가슴으로 메주를 빚었습니다.
하우스에 매달아 적당히 말린 다음
군불을 때는 방 아랫목에 이불을 덮어 띄우면
특유의 냄새와 함께 발효가 되겠지요.
어릴 때는 그 냄새가 그리도 싫었는데
지금은 오히려 그리워지니

이 또한 나이가 먹었다는 반증일까요?
아니면 이제사 장맛을 알게 된 것일까요?
아무튼 올 겨울 또한 저희 집 안방에는
메주 띄우는 냄새가 가득할 것 같습니다.

편지 127 도꼬마리씨

산길을 걷다 돌아와보니
바짓자락에 이 녀석이 붙어 있습니다.

뾰족한 가시로 사람이나 동물의 몸에 붙어 이동하는 씨앗,
도꼬마리씨입니다.
그래, 이 또한 인연이다 싶어
인터넷에서 녀석을 검색해 보았습니다.
그저 그런 풀의 한 종류겠거니 생각했는데
웬걸요, 대단한 효능을 지닌 약재였습니다.

물에 끓여 아침 저녁으로 콧속을 헹궈주면
축농증이나 비염을 치료해 주고,
차를 끓이듯 끓여 마시면
술맛이 떨어져 술 생각을 덜어 준답니다.
참으로 유용한 효능이 아닐 수 없습니다.
지나다 발길이 닿아 우연히 붙어 왔지만
관심을 갖고 알아보니 참으로 유용한 씨앗.
이제 도꼬마리씨는 제 기억 속에 남아
유용하게 활용할 수 있는 귀한 인연이 되었습니다.

저와 님과의 인연 또한
이 도꼬마리씨와 같으면 좋겠습니다.
페북, 카스, 밴드, 블러그…….
무수한 인연의 숲에서 우연히 만났지만
관심을 갖고 서로에 대해 알아가는 친구,
작은 것이라도 서로 도움을 주고받는 관계…….
그래서 일부러 떼어내지 않으면 떨어지지 않는,
이 도꼬마리씨와 같은
귀한 인연으로 이어졌으면 좋겠습니다.

키질

바람이 부는 날에는 바람을 이용하지만
잠잠한 날에는 이것을 이용해 콩을 까부릅니다.
소싯적의 추억을 떠올리는 물건, 키입니다.
타작한 콩을 이 위에 올려놓고
위로 쳐올렸다 받기를 몇 번 반복하니
신기하게도 알곡과 쭉정이가 따로 분리됩니다.
크고 무거운 알곡은 아래쪽에 모이고,
작고 가벼운 쭉정이는 위쪽으로 밀립니다.
중력의 차이 때문이 아닌가 싶습니다.
그러고 보면 별 것 아닌 것 같은 이 키질 속에도
뉴튼의 만유인력이나 중력의 법칙 못지 않은
과학적 원리와 지혜가 담겨 있습니다.

그래서일까요?
집사람이 없는 사이 혼자서 하는 키질이지만
꽤나 재미가 있고 신기하기도 합니다.
그렇게 키질에 열중하다 보니
문득 한 가지 궁금증이 생깁니다.

'나를 이렇게 키질하면 어떻게 될까?'
갑자기 나 자신을 키질해보고 싶어집니다.
콩 대신 나를 이 위에 올려놓고 까부르면
나는 어느 쪽으로 떨어질까?
알곡이 있는 아래쪽일까, 쭉정이의 위쪽일까?
마음이야 아래쪽이었으면 하지만,
정말로 그럴지, 오늘 하루 제 자신을 키질해봐야겠습니다.

행복방정식

풀타임 귀농 첫해인 올해
저의 일년 수입은 변변치 않습니다.
물론 여러가지 일을 준비하고 씨를 뿌렸으니
내년부터는 많이 달라지겠지만,
어쨌든 귀농 전 직장생활 때와 비교하면
몇분의 1밖에 되지 않습니다.
그래도 거덜이 나거나 빚을 지지는 않았습니다.
그만큼 지출이 줄었기 때문입니다.
웬만한 의식주는 다 자급해 해결했으니
생활비 또한 몇 분의 1밖에 되지 않았습니다.
그러니 소득면에서 보면 큰 차이가 없습니다.

소득을 결정짓는 요인은 수입뿐만이 아닙니다.
지출 또한 수입과 똑같이 영향을 미칩니다.
아무리 많이 벌어도 그보다 더 쓰면 마이너스가 되지만
적게 벌어도 그보다 적게 쓰면 플러스가 됩니다.
그래서 세상은 공평한 것인지도 모르겠습니다.

행복에도 똑같은 법칙이 적용됩니다.
행복(H)을 결정짓는 요인은 욕망(D)과 능력(A),
행복은 능력에 비례하고 욕망에 반비례(H=A/D)합니다.
그러니 아무리 능력이 뛰어나도
그보다 더 많은 것을 원하면 불행하게 되지만
능력이 적어도 그 이하로 욕망을 줄이면
누구나 행복할 수 있습니다.
브루나이나 부탄의 행복지수가
미국이나 일본을 앞서는 것이 그 때문입니다.
도시생활이 능력을 키워 행복해지는 유형이라면
산중생활은 욕망을 줄여 행복을 누리는 삶,
겨울을 맞아 버리고 줄이는 태화산을 보며
나 또한 그렇게 버리고 줄일 수 있기를,
그래서 행복을 키울 수 있기를 소망합니다.

겉잎

김장을 하기 위해 배추를 수확하고 난 뒤의 배추밭입니다.
포기마다 꼬갱이는 다 뜯어내고
거칠고 색바랜 겉잎만 덩그러이 남았습니다.
물건만 들어내고 버려진 포장지처럼
꼬갱이만 포기째 내어주고 버려진 겉잎들.
구멍이 쑹쑹 뚫리고 색마저 누렇게 변한,
이 볼품없는 겉잎에 시선이 가는 것은
고교 선배이기도 한 도종환 시인의
「시래기」라는 시 때문이 아닌가 싶습니다.

    가장 바깥에 서서 흙먼지 폭우를 견디며
    몸을 열배 스무배로 키운 것도 저들이다.
    더 깨끗하고 고운 잎을 만들고 지키기 위해
    가장 오래 세찬 바람 맞으며
    하루하루 낡아간 것도 저들이고
    마침내 사람들이 고갱이만을 택하고 난 뒤
    제일 먼저 버림받은 것도 저들이다.

속으로 싯귀를 읊조리며 바라보니
황량한 겉잎 위로 어머니 얼굴이 떠오릅니다.
모진 세파를 온몸으로 막아내며
오로지 자식들만 감싸고 돌봐온 어머니,
그렇게 키운 자식들 포기째 다 떠나보내고
홀로 덩그러이 남아 계신 어머니 모습이
어쩌면 그리도 저 겉잎과 닮았는지…….
갑자기 눈시울이 뜨거워집니다.

근처로 내려왔다고 그리도 좋아하셨는데,
바쁘다는 이유로 자주 찾지도 못한 죄책감이
목에 가시가 걸리듯 컥, 하고 가슴에 걸립니다.
오늘 저녁은 만사를 제쳐놓고라도 달려가
붉게 버무린 배추김치를 반찬으로
따뜻한 저녁밥 한 끼 함께해야겠습니다.

홍시

산중에서도 이따금 간식이 생각날 때가 있습니다.
그럴 때면 망 달린 장대를 들고 감나무로 갑니다.
늦가을 찬서리를 맞으며 빨갛게 익은 홍시,
여인네의 속살처럼 탄력이 넘치는 반시를
조심조심 따서 바구니에 담습니다.
그래도 이따금 터지는 것이 있게 마련,
그런 것은 그대로 입에 넣습니다.
나무 위에서 입술에 묻혀가며 베어 먹는 홍시.
그 맛을 어떻게 말로 표현하겠습니까?
홍시는 양념으로도 좋다고 하지요.
그래서 며칠 뒤 김장을 담글 때는
이것을 으깨 설탕 대신 사용할 생각입니다.
달콤하고 부드러운 식감에 영양까지 풍부한 홍시가 버무러지면
김치가 어떤 맛을 낼지 벌써부터 궁금해집니다.
이처럼 요긴한 홍시지만 다 딸 수는 없습니다.
'겨우내 먹을 우리들 양식인데…….'
어디에선가 안절부절하며 보고 있을 산까치,
녀석들 몫은 좀 남겨놔야 하지 않겠습니까?

편지 132

생의 작품?

저희 집에서 가까운 영춘면 상리에 있는 느티나무입니다.
마을을 상징하는 나무로
수령을 가늠키 힘들 만큼 오래된 고목입니다.
저 나무인들 세월의 무게를 피할 수 있겠습니까만
그래도 고개를 끄덕일 만큼 멋지고 아름답습니다.
알 수 없는 포스와 신령스러움마저 느껴집니다.
그 아우라 때문일까요.
저 나무를 볼 때마다 떠오르는 명언이 있습니다.
"아름다운 젊음은 우연이지만 아름다운 노년은 작품입니다."
루즈벨트 대통령의 부인이 했다는 말입니다.

참으로 공감이 가는 말입니다.
오래된 나무는 대부분 볼품이 없습니다.
가지는 뒤틀어지고, 껍질은 허옇게 벗겨지고······.
고목이 되어서도 저런 자태를 유지하기 위해서는
끝없이 자신의 생을 갈고 다듬어야 합니다.

사람 또한 마찬가지가 아닌가 싶습니다.
지난 삶의 모든 것이 투영된 생의 작품,
그것이 노년의 모습입니다.
그래서일까요.
젊었을 때는 추하고 구질구질했는데
나이가 들수록 빛이 나는 사람이 있습니다.
반대로 젊었을 때는 참 예쁘고 멋졌는데
나이를 먹자 추해지는 사람도 있습니다.

그렇다면 나는 어떤가?
잠시 거울을 들고 제 얼굴을 들여다 봅니다.
보기 싫을 정도로 추한 것은 아니지만
그렇다고 빛이 나는 것 같지도 않습니다.
그래도 아직은 작품을 만들어가는 과정.
혹여라도 보는 이들의 인상을 찌푸리게 하는,
추하고 볼품없는 작품이 되지 않도록
하루하루 더 열심히 갈고 다듬어야겠습니다.

태화산
편지

겨울 편지

태화산의 겨울

눈이 내리면 태화산은 또 다른 세상이 됩니다. 설화(雪花)골이란 이름처럼 온 산을 뒤덮고 피어나는 하얀 눈꽃. 한 폭의 동양화처럼 아름답고 고즈넉한 풍경이지만 눈이 부셔 제대로 바라볼 수도 없습니다.

하지만 즐거움이 있으면 고달픔도 있게 마련. 마을로 내려가기 위해서는 800여 미터의 눈을 치우고 길을 내야 합니다. 아침을 먹기가 무섭게 집사람과 넉가래를 들고 나섭니다. 두 줄로 나란히 서서 넉가래를 밀며 아래로 내려갑니다. 자동차가 다닐 수 있도록 두 줄의 바퀴길만 내는 것입니다. 그렇게 밀고 나면 동쪽에서 떠오른 아침 햇살이 눈을 녹입니다. 전날밤 날이 추워 두껍게 얼어붙은 눈길이라도 오전 내내 햇살만 쏟아지면 소리없이 녹아 내립니다. 망치로 두들기고 곡괭이로 내리쳐도 별무효과인 눈길이지만, 한 자락의 햇살에는 스스로 무장을 해제하고 길을 엽니다. 나그네의 옷을 벗기는 것은 세찬 바람이 아니라 따스한 햇살이라는 사실을 다시금 실감하게 됩니다.

그렇게 낸 길을 뒤돌아보면 소통이라는 것이 실감이 납니다. 앞아서 다가오기를 기다리는 것이 아니라 내가 먼저 길을 내며 다가가는 것. 그것이 소통임을 마음으로 깨닫게 됩니다.

눈을 치우고 나면 아궁이에 불을 지핍니다. 바짝 마른 장작을 넣고 불쏘시개에 불을 붙이면 타닥타닥 소리를 내며 타오르는 불꽃. 가만히 앉아 그 모습을 보고 있으면 목생화(木生火), 화생토(火生土), 수극화(水克火) 하는 음양오행의 우주적 질서가 생각납니다. 세상은 그렇게 상생과 상극을 거듭하며 발전해 가는 것임을 깨닫게 됩니다.

점심 때가 되면 타고난 숯불을 모으고 그 위에 석쇠를 걸어 고등어를 굽습니다. 지글지글 소리를 내며 뚝뚝 떨어지는 기름. 노릇노릇하게 익은 살점을 뜯어 하얀 쌀밥 위에 올려 먹는 점심밥. 어느 고관대작의 진수성찬도 부럽지 않습니다.

저녁이 되면 불을 벽난로로 옮깁니다. 부지깽이를 들고 난로 안을 뒤적여 불을 피운 다음 통 속에 고구마와 군밤을 넣어 둡니다. 벽에 기대고 앉아 활활 타오르는 불꽃을 보고 있으면 코끝으로 스며드는 군고구마 내음. 마음은 이내 시간을 거슬러 추억으로 내달립니다. 창 밖으로 보름달이 비치고 소복소복 함박눈마저 쏟아지면……. 산중의 긴긴 겨울밤은 또 그렇게 추억 속에서 깊어갑니다.

편지 133

가치의 역전?

수확이 끝난 무밭의 모습입니다.
뭔가 이상하다구요?
그렇습니다.
잎만 싹둑 잘라가고 뿌리는 그냥 버렸습니다.

우리가 아는 무우는 뿌리를 먹는 작물입니다.
잎은 다 잘라내고 굵은 뿌리만 뽑아 먹습니다.
종종 잎도 다듬어 시래기를 만들어 먹지만
뿌리에 비하면 버리는 것이나 마찬가지였습니다.

하지만 언제부턴가 상황이 달라졌습니다.
시래기가 몸에 좋은 건강식품으로 알려지면서
무청(무잎)의 가치가 달라졌습니다.
뿌리 못지 않게 잎도 중요하게 되었고,
급기야는 이렇게 뿌리는 버리고 잎만 수확하는,
가치의 역전현상까지 벌어졌습니다.
심지어 뿌리는 줄이고 잎을 키우는 품종까지 나왔으니
세상 참 알다가도 모를 일입니다.

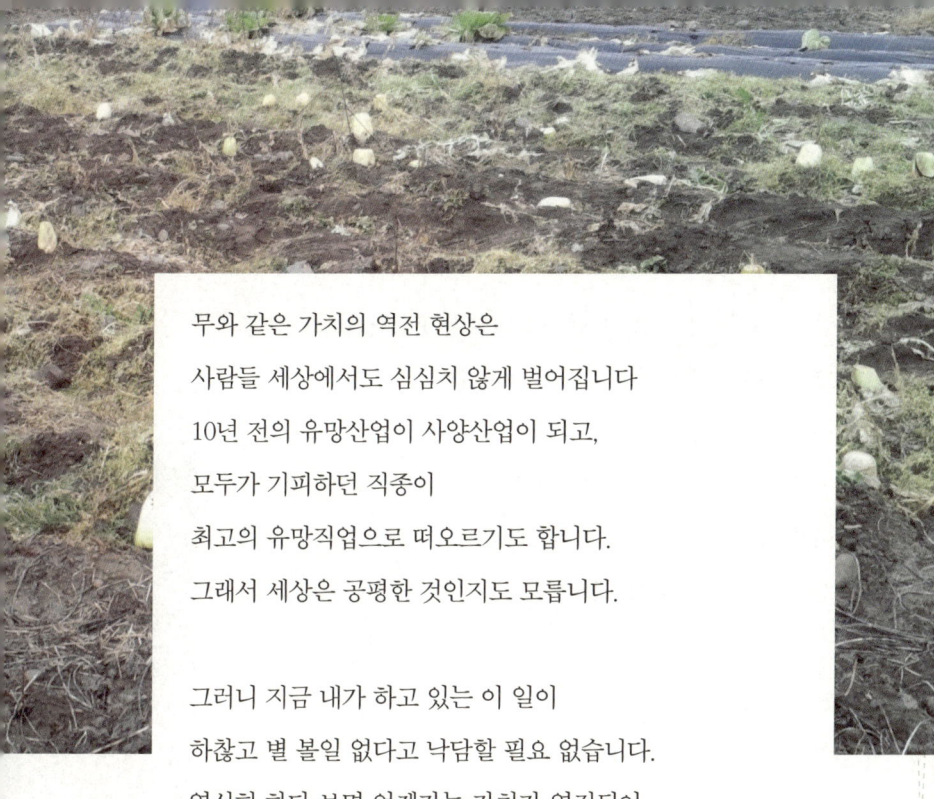

무와 같은 가치의 역전 현상은
사람들 세상에서도 심심치 않게 벌어집니다
10년 전의 유망산업이 사양산업이 되고,
모두가 기피하던 직종이
최고의 유망직업으로 떠오르기도 합니다.
그래서 세상은 공평한 것인지도 모릅니다.

그러니 지금 내가 하고 있는 이 일이
하찮고 별 볼일 없다고 낙담할 필요 없습니다.
열심히 하다 보면 언젠가는 가치가 역전되어
모두가 부러워하는 대상이 될 수 있을테니까요.

저 또한 언젠가는 농촌과 도시의 가치가 역전되는,
농촌 중심 시대가 오리라 굳게 믿고
제가 선택한 이 길을 묵묵히 걸어가겠습니다,
뿌리는 버리고 잎만 잘라낸 저 무가
그것을 일깨워주고 있으니까요.

길

한 달 전 친구들과 함께 땔감을 나르던 곳입니다.
그 전까지는 초목이 우거진 덤불이었는데
나무를 지거나 끌고 수차례 오가다 보니
저렇듯 어엿한 길이 되었습니다.
이제 이곳을 찾는 사람들이 있다면
십중팔구 저 길을 이용할 것입니다.

이곳뿐만이 아닙니다.
산중에는 정해진 길이 없습니다.
내가 원하는 곳을 선택해 자주 다니다 보면
그곳이 곧 길이 됩니다.

"길이 아니면 가지를 마라"
어렸을 때부터 우리는 그렇게 배웠습니다.
산중에 내려와 살다 보니 그것이 아님을 알게 되었습니다.
길은 따라가는 것이 아니라 스스로 만들어가는 것이니까요.

인생의 길 또한 마찬가지가 아닌가 싶습니다.

사회나 전통이 정해놓은 규범과 가치,
그 길만 따라 살면 독립된 주체로서의 나는 없습니다.
단지 사회적 구성원으로나 존재할 뿐입니다.
동양철학자 최진석 교수는
"내가 내 인생의 주인으로 산다는 것은
남이 만들어놓은 기준에 따르는 것이 아니라
내 스스로 기준을 만들어 사는 것"이라 했습니다.
나만의 길을 가야 한다는 것입니다.
그러니 앞의 속담은 이렇게 바뀌어야 할 것 같습니다.
"네가 가는 곳, 그곳이 곧 길이 된다."

2년 6개월 전, 나의 길을 찾아 선택한 귀농.
나름대로 열심히 가고 있으니
머지 않아 나만의 길이 열리리라…….
그렇게 확신하며
저는 오늘도 열심히 돌을 고르고 땅을 다집니다.

강정

어수리밥상과 더불어
김삿갓의 새로운 특산품으로 개발중인 약초차.
향도 좋고 몸에도 좋지만
차만 마시면 조금 심심할 것 같아
곁들여 먹는 심심풀이로 강정을 만들었습니다.
흰깨, 검은깨, 튀긴 쌀, 율무 등에
견과류를 섞어 물엿으로 버무리고,
그 위에 덮어 놓은 꽃잎을 곁들이니
김삿갓만의 또다른 강정이 만들어졌습니다.

술과 달리 차는 운치와 품격도 중요하다지요.
지난번 찻상은 어딘가 2% 부족해 보였는데
이렇게 직접 만든 강정을 곁들이니
비로소 님 앞에 내놓을 수 있는 찻상이 되었습니다.

한파가 계속되면서 눈까지 내린 아침,
옷깃을 여미고 일터로 향하는 님께

강정을 곁들여 따뜻한 차 한잔 따라 올립니다.
태화산의 정기로 우려낸 산죽차 한잔 하시고,
제비꽃잎 장미꽃잎을 덧입힌 강정을 드시며
오늘 하루도 따뜻하고 향기롭게 보내시기를 기원합니다.

몸

산중에서는 병원이나 약국에 가기가 힘드니
내 몸은 내가 관리해야 한다는 자각 때문일까요?
이곳 태화산으로 내려온 이후
몸과 약초에 대한 관심이 부쩍 늘었습니다.
기관지가 약하니 개복숭아 효소를 자주 마시고,
부실한 잇몸은 옥수수대를 끓인 차로 관리하고,
나빠진 눈을 위해 아로니아를 꾸준히 복용하고…….
최소한 내 몸의 상태나 관리 방법에 대해서는
어느 정도 파악할 수 있게 되었습니다.

그러면서 새삼스레 깨달은 것이 있습니다.
지금까지 나는 내 몸에 대해 너무 몰랐다,
알려고 하지도 않았다는 반성과 자각입니다.
사실 19세기까지만 해도
의학적 지식은 학문의 기초요, 최소한의 교양이었습니다.
세상을 알기 위해서는 나를 알아야 하고,
나를 알기 위해서는,
내 몸과 마음을 알아야 하기 때문이었습니다.

서양의학이 들어오면서 상황이 달라졌습니다.
"약은 약사에게 진료는 의사에게" 하는 구호를 내걸고
기침만 해도 약국으로 달려가고
손가락에 피 한 방울 흘러도 병원을 찾았습니다.
주치의라 해서 내 몸에 대한 관리마저 타인에게 맡겼습니다.
내가 내 몸을 모르는,
그러면서도 그걸 오히려 당당해하는 아이러니.
그것이 이 땅에 사는 대다수 국민들 모습이요,
귀농 전 저의 모습이었습니다.
님 또한 다르지 않을 것입니다.

물론 몸에 이상이 생기면 전문가를 찾아야 합니다.
의사 약사의 역할과 중요성 또한
아무리 강조해도 지나치지 않습니다.
하지만 질병과 별개로 내 몸의 상태나 기능에 대해서는
내 스스로 관심을 갖고 알아야 합니다.
그것은 의학적 지식이기에 앞서
내가 나로 살아가는, 주체적 삶의 출발점이기 때문입니다.
태화산으로 내려와 깨달은 또 하나의 삶의 철학입니다.

저녁 연기

저희집 아궁이의 굴뚝입니다.
요즘 들어 매일 아침 보게 되는 광경입니다.
종종 저녁에도 불을 지피니
가끔은 해질녘에도 볼 수 있습니다.
뉘엿뉘엿 해가 넘어갈 때 저 모습을 보게 되면
마음은 자연스레 추억으로 달려갑니다.
초가지붕 위로 하얗게 피어오르는 연기와
그것이 무슨 신호라도 되는 듯
삽을 씻고 손을 씻고 집으로 향하는 사람들…….
밀레의 만종처럼 평화롭고 아늑한 풍경.
제 기억 속에 남아 있는 저녁 연기입니다.

연기도 때는 나무에 따라 달라집니다.
잘 마른 장작을 태우면 맑고 하얀 연기가 나지만
젖은 나무를 때면 검고 탁한 연기가 나옵니다.
때로는 독성이 섞여 나오기도 합니다.
바싹 마른 나무로 제대로 불을 지펴야
아늑하고 평온한 저녁 연기를 즐감할 수 있습니다.

인생에도 저녁이 있다면 예순 즈음,
한달 후 하나의 나이를 더하면
저 또한 그만큼 저녁에 가까워지겠지요.
머지 않은 그때가 되면 나는 어떤 연기를 피워 올릴지…….
저녁 연기처럼 정겹고 아늑할 수 있을지…….
그러기 위해서는 지금부터라도 제대로 불을 지펴야 하는데…….
끝없이 나오는 굴뚝 연기를 따라
저의 상념 또한 꼬리를 물고 이어집니다.

군고구마

어제 올린 저녁 연기를 보시고
여러 님께서 군고구마 얘기를 하셨습니다.
마음이 내키면 뭐든 할 수 있는 것이 산중생활.
아궁이의 숯불을 꺼내 화로에 담고
그 위에 고구마 세 개를 올렸습니다.
하나는 저, 하나는 집사람, 나머지 하나는 님의 몫으로.

얼마나 지났을까요.
귀에 대고 속삭이는 연인의 목소리처럼
코끝을 파고드는 구수하고 달콤한 내음.
그 뜨거운 향의 유혹을 누가 견디겠습니까.
서둘러 꺼내 껍질을 벗기고
노오란 속살을 덥석 깨물었습니다.
입안 가득 번지는 부드럽고 감미로운 맛과 향.
제게 조금 문장력이 있다 한들
그것을 어떻게 말로 표현하겠습니까?

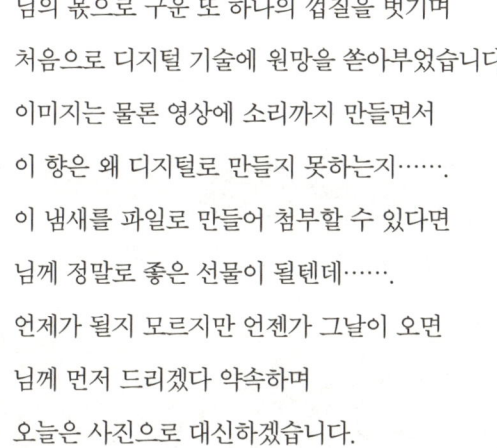

님의 몫으로 구운 또 하나의 껍질을 벗기며
처음으로 디지털 기술에 원망을 쏟아부었습니다.
이미지는 물론 영상에 소리까지 만들면서
이 향은 왜 디지털로 만들지 못하는지…….
이 냄새를 파일로 만들어 첨부할 수 있다면
님께 정말로 좋은 선물이 될텐데…….
언제가 될지 모르지만 언젠가 그날이 오면
님께 먼저 드리겠다 약속하며
오늘은 사진으로 대신하겠습니다.

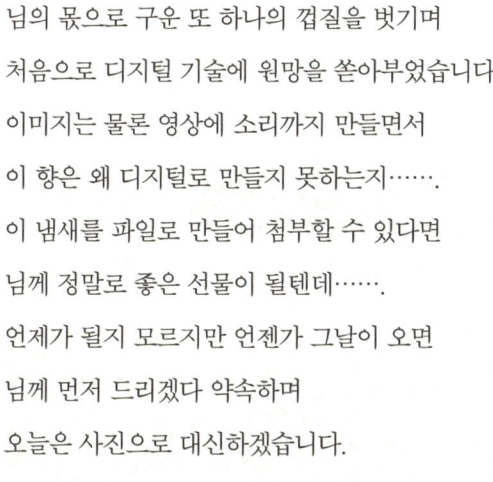

모운동

해발 700미터의 고원에 자리한 오지마을입니다.
슬로시티 김삿갓을 상징하는 대표적인 마을로
제 카페나 블로그의 배경사진이기도 합니다.
그런데, 놀라지 마십시오.
저곳이 한 때는
상주인구 1만 명에 시장, 식당, 술집, 극장, 여관 등등
없는 게 없는 영월 최고의 부촌이었습니다.
읍내 주민들이 물건을 팔기 위해
시오리 산길을 올라 모여들던 곳이었습니다.
믿기지 않겠지만 틀림없는 사실입니다.
석탄산업이 융성하던 70년대,
별표연탄으로 유명한 옥동광업소의 탄광촌이
바로 이 모운동이었으니까요.

그때만 해도 탄광은 최고의 산업이었으니
님께서도 고개를 끄덕이실 것입니다.
하지만 80년대 들어 석탄산업이 사양화되면서

하나 둘 이곳을 떠나기 시작했고,
광업소가 문을 닫자 마을도 황폐화되었습니다.
그리고 40여 년이 지난 지금은
오지의 동화마을로 새롭게 변신하고 있습니다.

어찌보면 우리네 인생 또한
이 모운동과 같은 것인지도 모릅니다.
흥(興)이 있으면 망(亡)이 있고,
성(盛)이 있으면 쇠(衰)가 있으니까요.
그러니 잘나간다고 우쭐댈 일도 아니요,
망했다고 낙담해 주저앉을 일도 아닙니다.
"흥할 때는 망할 때를 대비해 자중하고,
쇠할 때는 성할 때를 생각하며 용기를 잃지 마라."
이곳에 올 때마다 메아리가 되어 들리는
모운동의 울림입니다.

편지 140

풍작의 저주?

차를 타고 오가다 보면 심심치 않게 보이는 광경입니다.
수확도 하지 못한 채 밭에서 얼어죽는 배추들.
풍작으로 값이 폭락한 결과입니다.
내가 뿌린 씨앗이 잘 자라 풍성한 결실을 맺는 것.
농부에게 있어 그보다 큰 기쁨이 어디 있겠습니까?
하지만 언제부턴가 풍작이란 소리는
흉작만도 못한 끔찍한 저주(?)가 되었습니다.
값이 폭락해 수확조차 할 수 없기 때문입니다.

이러한 현상은 배추에만 국한되지 않습니다.
이제는 농사지을 품목이 없다고 한탄할 정도로
대다수 품목에서 공통적으로 나타나고 있습니다.
한중FTA까지 체결되었으니
앞으로 더 많이 목격하게 될지도 모릅니다.
그렇다고 농사꾼이 농사를 팽개칠 수도 없고,
팽개쳐봐야 뾰족한 수가 있을 리 없습니다.
어떻게든 농사에서 활로를 찾아야 하니
시름이 깊어갈 수밖에 없습니다.

제가 찾은 활로가 있다면 '관계'입니다.
농산물 거래를 목적이 아니라 관계의 수단으로 만드는 것입니다.
님과 제가 서로 알고 정을 나누는 인간관계를 형성하고,
그 관계의 매개물로 농산물을 거래하는 것.
작게는 개인에서 크게는 마을을 그렇게 만드는 것.
제가 추구하는 '관계 우선의 직거래'입니다.

거래가 목적이 되면 가격경쟁 품질경쟁을 피할 수 없습니다.
경쟁을 하게 되면 소농은 살 길이 없습니다.
지금의 구조에서 벗어날 수가 없습니다.
관계가 우선이 되면 패러다임이 달라집니다.
경쟁이 별 의미가 없어집니다.
중국산이 들어오든 말든 신경도 쓰지 않게 됩니다.
직접 이곳에 와서 만나 이야기를 나누고,
술도 한잔 같이한 님과 저 사이라면
값이 조금 싸면 어떻고, 조금 비싸면 또 어떻습니까.
모양이나 때깔이 뭐 그리 중요하겠습니까.
만약 그런 관계의 제 밭이 저 모양이라면
님께서 가만히 보고만 계시겠습니까?

물론 꿈 같은 이야기일 수 있습니다.

하지만 세상의 모든 변화는 꿈을 꾸는 데서 시작됩니다.
오늘 제가 꾸는 이 꿈을
저희 조합원이, 공동체 회원이, 김삿갓 주민들이,
그리고 님께서 같이 꾼다면 얼마든지 가능할 것입니다.

한 사람이 꿈을 꾸면 상상에 불과하지만
모든 사람이 동시에 같은 꿈을 꾸면
그것은 곧 현실이 된다고 했으니까요.

메멘토 모리

편지 141

어제 오후 읍내로 나가던 길에서 보았습니다.
앞 트럭의 적재함에 실려 도살장으로 향하는 녀석의 모습을.
쇠말뚝에 머리를 찧는 기이한 행동,
사방으로 교차하는 횅한 눈망울,
다리를 타고 줄줄 흘러내리는 오줌줄기…….
달리는 트럭 위의 불안 때문이기도 하겠지만
제 눈에는 죽음을 직감한 공포로 느껴졌습니다.
녀석의 모습이 얼마나 뇌리에 박혔는지
읍내까지 트럭 뒤를 따라가는 내내
제 머릿속에는 죽음이란 단어가 떠돌았습니다.

메멘토 모리.
'죽음을 기억하라'는 뜻으로
중세 유럽 수도승들의 인사말이었다고 합니다.
너도 반드시 죽는다는 사실을 잊지 말라,
만날 때마다 서로 경각시켜 주었다고 합니다.

하지만 오늘의 우리에게는
생각하기도 싫은 외면의 대상일 뿐입니다.
언제 어떻게 다가올지 모르지만
나와는 관계없는 일로 치부하고 고개를 돌립니다.
그러다 느닷없이 맞닥뜨리게 되면
저 녀석과 같은 반응을 보입니다.

죽음이 두려운 것은 무지 때문인지 모릅니다.
죽음이 무엇인지, 죽으면 어떻게 되는지,
사후세계는 있는지, 있다면 어떤 모습인지…….
알 수도 없고 예측할 수도 없으니 불안하고 두려울 뿐입니다.

근래 들어 웰다잉이란 말이 회자되고 있습니다.
잘 사는 것 못지않게 잘 죽는 것이 중요하다는 것입니다.
평안하고 고요하게 맞이할 수 있는 죽음.
어쩌면 그 또한 행복한 삶의 일부일 수 있습니다.
그러기 위해서는 죽음을 알고 죽음을 기억해야 하겠지요.
반백을 넘어선 지천명의 나이.
이제부터라도 죽음을 삶의 일부로 받아들이는
메멘토 모리를 실천하며 살아야겠다,
멀어지는 녀석을 바라보며 마음 속으로 하는 다짐입니다.

편지
142

본질과 관계

천기누설, 엄지의 제왕, 만물상, 자연인…….
자연식품과 약초에 관한 정보를 알려주는,
제 집사람이 즐겨보는 방송 프로입니다.
그런 프로마다 빠지지 않고 등장하는 것이 경험담입니다.
병원에서도 포기한 불치병을 흰민들레로 고쳤다,
돼지감자를 꾸준히 먹고 30년 당뇨를 치료했다,
신장암을 앓았는데 꽃가루버섯을 먹고 나았다…….
온갖 약초의 경험담이 다 등장합니다.
그때마다 집사람은 '우리도!'를 외칩니다.
저렇게 좋으니 우리도 심자는 것입니다.
하지만 저는 못들은 척 고개를 돌립니다.
방송 내용을 믿지 못해서가 아닙니다.
사람마다 체질이나 몸의 상태가 달라
약초의 작용과 효능이 다르기 때문입니다.

제가 재배하는 와송만 해도 그렇습니다.
불치의 암을 고쳤다는 사례도 많고,

전문가들도 항암식물로 첫손에 꼽고 있지만
누구든지 먹기만 하면 낫는 것은 아닙니다.
와송에 대한 몸의 반응이 사람마다 다르기 때문입니다.
그러니 약초 그 자체의 본질도 중요하지만
그것이 작용하는 대상과의 관계가 더 중요합니다.
보다 다양한 체질과 상황에 두루 적용될 수 있어야
명약이란 소리를 들을 수 있습니다.

사람 또한 마찬가지가 아닐는지요.
한 사람이 지닌 품성과 재능 또한
관계하는 사람에 따라 달라집니다.
그러니 그 사람의 본성 못지않게 중요한 것이
그와 관계하는 사람의 역량입니다.
지금 님께 다가가는 제가 불편하십니까?
그렇다면 그 책임의 절반은 님께 있습니다.
님 또한 저와의 관계에서 한 축을 이루고 있으니까요.

편지 143 어수리술

어떻습니까?
슈퍼모델의 미끈한 하반신 같지 않습니까?
또 어찌 보면
연인이 서로 끌어안고 있는 모습 같기도 합니다.

인삼이 참 예쁘게도 생겼다고요?
아닙니다.
저것은 인삼은 아니라
왕삼이라 불리는 어수리의 뿌리입니다.

삼 중의 으뜸이라 해서
약초꾼들 사이에 왕삼이라 불리는 어수리 뿌리.
한방에서는 단모독활이라 해서
풍과 통증을 치료하는 약재로 쓰고 있습니다.

실제로 저희 집에서 저 술 몇 잔 마시고,
통증이 풀린다고 고백한 님도 계시니

듣기 좋은 허언(虛言)만은 아닌 것 같습니다.

잎은 맛 좋고 몸에도 좋은 나물이요,
뿌리는 통증을 치료하는 약재로 쓰이니
제가 어찌 어수리를 선택하지 않을 수 있겠습니까?

갈수록 어렵고 힘들어지는 세상살이에
몸도 마음도 쑤시고 결리신다구요?

그렇다면 이곳 태화산으로 오십시오.
저 어수리술로 몸의 통증은 물론
마음의 통증까지 깨끗이 씻어 드리겠습니다.

산꼬라데잇길

편지 144

전에 소개한 모운동으로 올라가는 길입니다.
산꼬라데이는 산골짜기를 일컫는 강원도 사투리,
구비구비 골짜기로 이어졌다 해서 붙여진 이름입니다.

아닌 게 아니라 구비도 많고 굴곡도 많습니다.
90도도 모자라 180도로 꺾인 길도 있고,
지나온 길이 보일 만큼 층을 이룬 곳도 많습니다.
전에 소개한 것처럼 사연도 많고 이야기도 많습니다.

그래서 시간이 걸리고 조금 위험하긴 하지만
그만큼 재미도 있고 정감도 있습니다.
고속도로에서는 느낄 수 없는 색다른 즐거움입니다.
그래서일까요?
시간이 있으면 일부러라도 차를 몰아 이 길을 오르곤 합니다.

인생길 또한 그런 것이 아닌가 싶습니다.
고속도로처럼 평탄하기만 한 일직선 인생은
사는 재미가 없습니다.
빠르기만 할 뿐 지루하고 졸립니다.
구비도 있고 굴곡도 있고 오르막/내리막도 있어야
삶이 역동적이고 재미가 있습니다.
슬픔을 알아야 기쁨을 느낄 수 있는 것처럼 말입니다.

저의 인생길 또한 그러하면 좋겠습니다.
조금 느리고 힘이 들고 돌아가더라도
바람도 쐬고 경치도 보고 이야기도 들을 수 있는,
저 산꼬라데이 같은 길 말입니다.
중간에 막히거나 끊기지만 않는다면 말입니다.

꽃부각

약초차에 곁들여 먹는 심심풀이 땅콩이
어디 강정뿐이겠습니까?
좀 더 격이 느껴지는 다과, 꽃부각입니다.
덖어놓은 약초차를 갈아 밥에 색을 입힌 다음
색깔별로 조금씩 집어 쌀종이 위에 올려 놓습니다.
그 상태로 하루 정도 말린 다음 기름에 살짝 튀기면
보기만 해도 황홀한 꽃부각이 완성됩니다.

구수하고 은은한 향의 우엉차에
아삭아삭 소리를 내며 부서지는 꽃부각.
안에서는 타닥타닥 장작이 타고
밖에서는 소복소복 함박눈이 내리고…….
어떻습니까?
님과 제가 마주앉아 산중한담을 즐기기에
이만하면 충분하지 않겠습니까?

사족

소통하는 데 있어 말이 사족이 될 때가 있습니다.
백 마디 말보다 침묵이 더 좋을 때가 있습니다.
오늘이 그런 날이 아닌가 싶습니다.
눈 내린 태화산의 겨울 서정,
고즈넉한 저희 집의 풍경입니다.
감상하시는 데 오히려 방해가 될 것 같아
오늘은 조용히 입을 다물겠습니다.

소통

설화골이란 이름답게 듬뿍 내린 눈 덕분(?)에
저희 집은 졸지에 마을과 단절이 되었습니다.
차를 타고 마을로 내려가기 위해서는
8백 미터의 눈을 치우고 길을 내야 합니다.
겨우내 집에만 틀어박혀 있을 수는 없는 일.
아침을 먹자마자 집사람과 함께 나섰습니다.
하지만 그 많은 눈을 다 치울 수는 없어
넉가래로 밀어내며 두 가닥 길만 냈습니다.
그래도 워낙 먼 길이다 보니
시간도 많이 걸리고 적잖이 힘도 들었습니다.

모자를 벗어 이마의 땀을 식히며 돌아오는 길,
눈밭 위에 만들어진 선명한 길을 걷고 있자니
문득 소통이란 단어가 떠올랐습니다.
최근 들어 세상의 화두가 되고 있는 소통.
많은 분들이 입만 열면 소통, 소통 하는데도
세상은 왜 점점 더 나뉘고 단절되어 가는지…….

어쩌면 소통을 잘못 알고 있기 때문인지 모릅니다.
소통은 가만히 앉아 상대가 다가오기를 기다리는 것이 아닙니다.
쌓인 눈을 치우며 내가 먼저 다가가는 것입니다.
내가 다가가고 상대도 다가와 서로의 길을 잇는 것.
그것이 소통입니다.

산길의 눈을 치우듯 마음의 눈을 치우며
제가 먼저 님께로 다가가겠습니다.
님께서도 조금만 다가와 주십시오.
중간 그 어디메쯤서 반갑게 손을 맞잡고 싶습니다.
님과 마음으로 소통하고 싶습니다.

벽난로

서울의 기온이 영하 십몇 도를 기록했다는 어제,
태화산에는 칼바람이 몰아쳤습니다.
밖에 나가면 그대로 얼어버릴 것 같은 추위,
모처럼 온종일 방안에서 뒹굴었습니다.

날이 추워지면 따뜻한 난로가 그리운 법.
장작을 가져다 벽난로에 불을 지폈습니다.
타닥타닥 소리를 내며 타오르는 불꽃,
옆에 앉아 가만히 불을 쬐고 있자니
마음은 순식간에 옛기억으로 치달았습니다.

낭만주의자를 자처하던 젊은 시절,
꿈속에서 그리던 로망이 있었습니다.
고즈넉한 산장의 눈 내리는 저녁,
활활 타는 장작불 옆에 어깨를 맞대고 앉아
손가락에 반지를 끼워주며 평생을 약속하는…….

지금이라도 그런 여건이 되었으니

그렇게 해보면 되지 않느냐구요?
글쎄요, 십 년만 젊었어도 선뜻 나서겠지만
세상 물정 다 알아버린 지천명의 나이에…….
하긴 '님아, 그 강을 건너지 마오'란 영화가 화제가 되는 걸 보면
사랑이 꼭 젊은이들만의 전유물은 아닌 것 같습니다.

그래서, 그래서 어떻게 했냐구요?
너무 그렇게 다그치지 마십시오.
저도 집사람도 프라이버시가 있는데
그런 걸 어떻게 제 입으로 말하겠습니까?
그저 오붓한 하루였다는 말로 대신하겠습니다.
나머지는 오롯이 님의 상상에 맡기겠습니다.

발자국

사흘전 눈이 많이 내렸던 날 아침,
설경을 찍기 위해 걸었던 발자국입니다.
날이 추워 눈은 그대로 있고 인적은 없는지라
지금도 그대로 남아 있습니다.
일이 있어 다시 그쪽으로 향하는 길,
자연스레 그 발자국을 따라 걸음을 옮깁니다.
눈에 빠지지도 않고 걷기에도 좋습니다.
드넓게 펼쳐진 벌판에서는
방향을 가리켜 주는 이정표도 될 것입니다.
그렇게 한 발 한 발 따라 걷노라니
그날 편지에 한 카친님이 댓글로 달아주신
서산대사의 시구가 떠오릅니다.

눈길을 걸을 때 흐트러지게 걷지 마라.
내가 걷는 발자국이 뒤따라오는 이의 길이 될 것이니……

귀농 인구가 해마다 증가하고 있습니다.
내년에도 후년에도 늘어나면 늘어나지

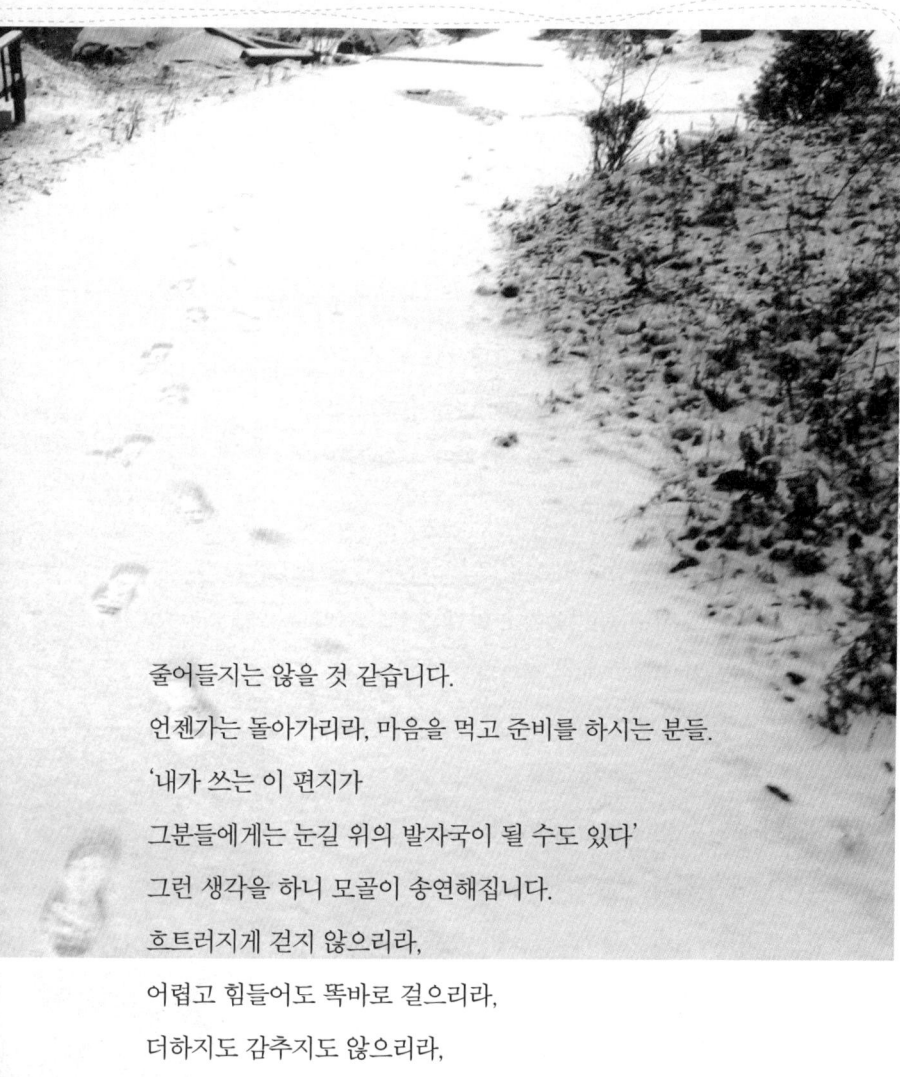

줄어들지는 않을 것 같습니다.
언젠가는 돌아가리라, 마음을 먹고 준비를 하시는 분들.
'내가 쓰는 이 편지가
그분들에게는 눈길 위의 발자국이 될 수도 있다'
그런 생각을 하니 모골이 송연해집니다.
흐트러지게 걷지 않으리라,
어렵고 힘들어도 똑바로 걸으리라,
더하지도 감추지도 않으리라,
명은 물론 암까지도 그대로 전하리라…….
눈 위에 새겨진 내 발자국을 따라 걸으며
마음속으로 다시 한번 다짐해봅니다.

편지 150 집으로 가는 길

사흘 전인가요?
폭설에 한파까지 겹쳤던 날,
읍내에 일이 있어 밖으로 나갔습니다.
쌓인 눈을 뚫고 마을까지 길을 낸 다음
차를 타고 조심조심 내려갔습니다.
하지만 돌아올 때는 상황이 달라졌습니다.
매서운 바람에 치운 눈이 쏠리고 얼어붙어
차가 올라가지 못하고 계속 헛바퀴만 돌았습니다.
할 수 없이 그냥 세워 놓고 걸어서 올라왔습니다.

칼바람에 볼이 벌겋게 달아오르고,
때 아닌 등산길에 숨은 헉헉 차오르고…….
집으로 가는 길이 이렇게 춥고 힘이 드는지,
예전에는 미처 몰랐습니다.
그렇게 8백 미터의 산길을 걸어 마당에 도착하니
집이 어찌나 반갑던지 왈칵 눈물이 고였습니다.
부리나케 방안으로 뛰어들어가
아랫목에 엉덩이를 붙이고 이불을 덮었습니다.

온몸에 전해지는 온기와 꿈속 같은 아늑함.
정말이지 세상 부러울 게 없었습니다.

소중한 것의 진가는 어려울 때 드러난다고 했던가요.
돌아갈 집이 있다는 것이,
돌아가면 몸을 녹일 따뜻한 방이 있다는 것이
얼마나 소중하고 행복한 것인지…….
늘 옆에 있어 잊기 쉬운 것,
가장 가까운 것의 소중함을 직접 몸으로 체험한,
몹시도 춥고 매서운 저녁이었습니다.

햇살

아침을 먹고 나자 방안으로 햇살이 쏟아져 들어왔습니다.
늘상 대하는 일상의 일이지만 오늘따라 유난히 반가웠습니다.
문을 열고 베란다로 나갔습니다.
앞산 위에서 번져오는 강렬한 햇살.
이제 됐다, 이제 됐어…….
입에서는 저절로 안도의 한숨이 흘러나왔습니다.
계속된 한파로 눈이 쌓이고 얼어붙은 산길.
차를 마을에 세워 놓고
걸어서 올라와야 하는 불필요한 고행을
이제는 끝낼 수 있기 때문입니다.

이솝우화에서 보면
남자의 옷을 벗기는 것은
세찬 바람이 아니라 따스한 햇살입니다.

얼어붙은 산길을 여는 것 또한 마찬가집니다.
곡괭이나 삽으로는 한계가 있습니다.
따사로운 저 햇살이 제일입니다.
오전 내내 저 햇살만 내리쬐면
빙판은 스스로 무장을 해제하고 길을 열 것입니다.

그러고 보면
갈등과 대립으로 얼어붙은 마음을 푸는 것 또한
강력한 힘도, 날카로운 칼도 아닐 것입니다.
한 조각의 저 따사로운 햇살일 것입니다.
금년 한 해도 얼마 남지 않았습니다.
혹여라도 올 한 해
얼어붙은 갈등이나 관계가 남아있지 않은지,
다시 한번 제 자신을 뒤돌아봅니다.
있다면 모두 풀고 가야 할 터.
얼어붙은 마음을 녹일 수 있도록
산길을 녹여 주는 저 아침햇살을
제 가슴에도 한 조각 주워 담아야겠습니다.

신의 의자?

편지 152

아침에 일어나니 어제와는 조금 다른 느낌이 듭니다.
예수께서 이 땅에 오신 성탄일.
크리스찬이 아닌 저까지도 신에 대해 생각해 보게 됩니다.
신을 생각하면 마음이 겸허하고 경건해집니다.
신이 내 곁에서 나와 함께 한다고 생각하면
내가 지금 올바른 삶을 살고 있는지,
부끄럽고 탐욕스런 나날은 아닌지,
내 자신을 반추하고 뒤돌아보게 됩니다.

그래서일까요?
유대인들의 식탁에는 빈 의자가 하나씩 있다고 합니다.
신의 자리, 신의 의자라고 한답니다.
신이 언제나 내 옆에 함께 있다는 것을
항상 의식하며 생활하기 위해서랍니다.
태화산 산중에서 맞이한 성탄일.
트리도 볼 수 없고, 캐롤도 들을 수 없지만
조용히 신을 생각하는 것으로 대신하겠습니다.

저희 집에는 식탁이 없으니 벽난로 옆에라도
작은 의자 하나 가져다 놓겠습니다.

불청객?

따뜻한 구들방을 좋아하는 건 저뿐이 아닌가 봅니다.
언제부턴가 불청객(?)들이 하나 둘 들어오더니
이제는 안방의 절반 정도를 차지해 버렸습니다.
하우스에서 말린 메주와 콩을 삶아 띄우는 청국장,
차를 만들기 위해 썰어 말리는 대추 생강 당근…….
이뿐이 아닙니다.
춥고 흐린 날씨가 계속되니
세탁한 옷까지 들어와 자리를 차지하기도 합니다.
그래도 얌전히 있기나 하면 좋겠는데
케케하고 구리구리한 냄새까지 피워댑니다.
매일 아침 언 손을 녹여가며
아궁이에 불을 지피는 것은 난데…….
주객전도란 말이 실감이 납니다.

그렇지 않아도 좁은 방, 녀석들과 함께 쓰려니
발로 밀치기도 하고 바닥에 쏟기도 하는 등
부딪힐 때가 한두 번이 아닙니다.

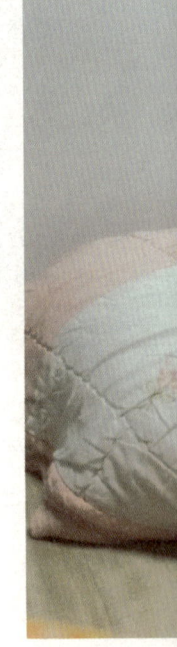

그래도 어쩌겠습니까?
집사람이 저보다도 저 녀석들을 끼고 사니
억울해도 참을 수밖에요.
괜히 한번 욱했다간 오히려 제가 쫓겨날 판이니
서러워도 참고 견뎌야지,
달리 무슨 뾰족한 수가 있겠습니까?

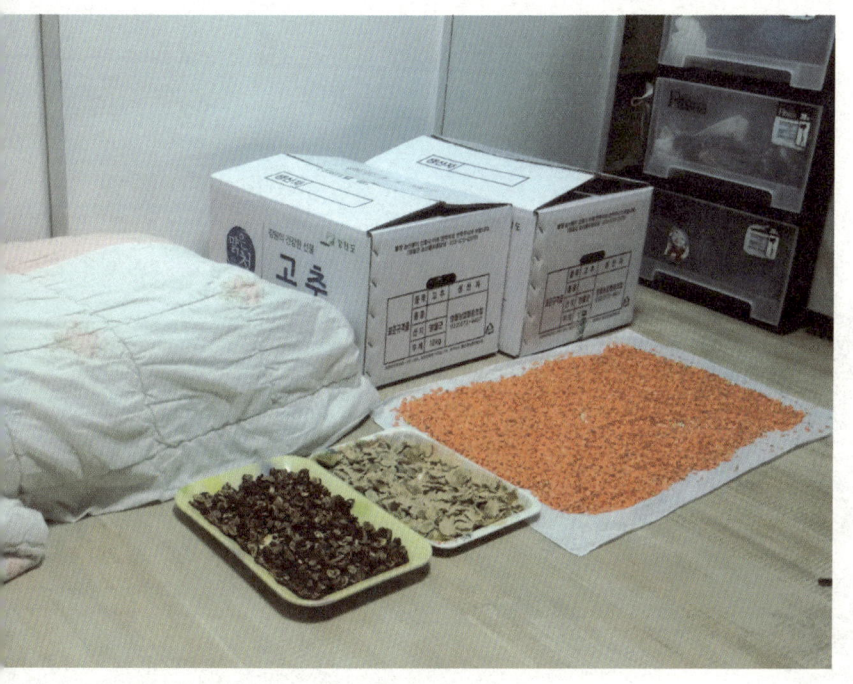

편지
154

하늘

해발 5백 미터의 산중에 위치한 덕분에
저희 집에서는 늘 하늘을 볼 수 있습니다.
창문만 열면 충청도 강원도 경상도가 만나는
3도 접경지역의 하늘이 눈앞에 펼쳐집니다.
2층에서는 방안에 누워서도 하늘창을 통해
높푸른 하늘을 볼 수 있습니다.

> 힘이 들 땐 하늘을 봐. 너는 항상 혼자가 아니야
> 비가 와도 모진 바람 불어도 다시 햇살은 비추니까…….

제가 좋아하는 서영은의 노래처럼
일을 하다 힘이 부치거나 글을 쓰다 심란해지면
잠시 손을 놓고 하늘을 쳐다봅니다.
그러면 피로가 풀리고 마음이 평안해집니다.
하늘에 누군가가 있어
몸과 마음을 정화해 주는 것이 아닌가 싶습니다.

말도 많고 탈도 많았던 올 한 해.
님께도 고단하고 힘든 한해는 아니었는지요.
그렇다면 잠시 숨을 돌리고 하늘을 쳐다보십시오.
아프고 힘들었던 기억들이 허공으로 빠져나가고
청정한 하늘의 기운이 그 자리를 대신할 것입니다.
새로운 한해를 시작할 힘과 용기가 생길 것입니다.

하늘을 볼 때
이왕이면 태화산이 있는 영월 쪽을 보십시오.
제가 숨쉬는 태화산의 정기를
님께로 꽉꽉 밀어드리겠습니다.

편지 155

기원

사람이 가장 진실할 때가 언제일까요?
아마도 임종을 앞둔 시점이 아닌가 싶습니다.
죽음을 맞으며 마지막으로 남기는 말.
그보다 진실한 것이 또 어디 있겠습니까?
호스피스 운동의 창시자인 엘리자베스 퀴일러가
임종의 순간을 맞이한 수백 분에게 물었습니다.
살아있는 이들에게 남기고 싶은 말이 무엇입니까?
가장 많은 대답이 "하고 싶은 것을 하라"였다고 합니다.

을미년 새해의 첫 아침,
떠오르는 해를 보며 한해를 기원하는 순간
『인생수업』에서 읽은 그 이야기가 생각났습니다.

하고 싶은 것을 하기 위해 선택한 귀농.
그만큼 잃는 것도 많고 감당해야 할 것도 많아
때로는 흔들리고 머뭇거리기도 하겠지만
퀴일러의 말을 가슴에 담고 묵묵히 나아가겠습니다.

해야 하는 것보다 하고 싶은 것을 하는 한 해,
좋은 것보다 좋아하는 것을 하는 한 해,
바람직한 것보다 바라는 것을 하는 한 해…….
을미년 새해가 제게도, 님께도
그런 한 해가 되었으면 좋겠습니다.

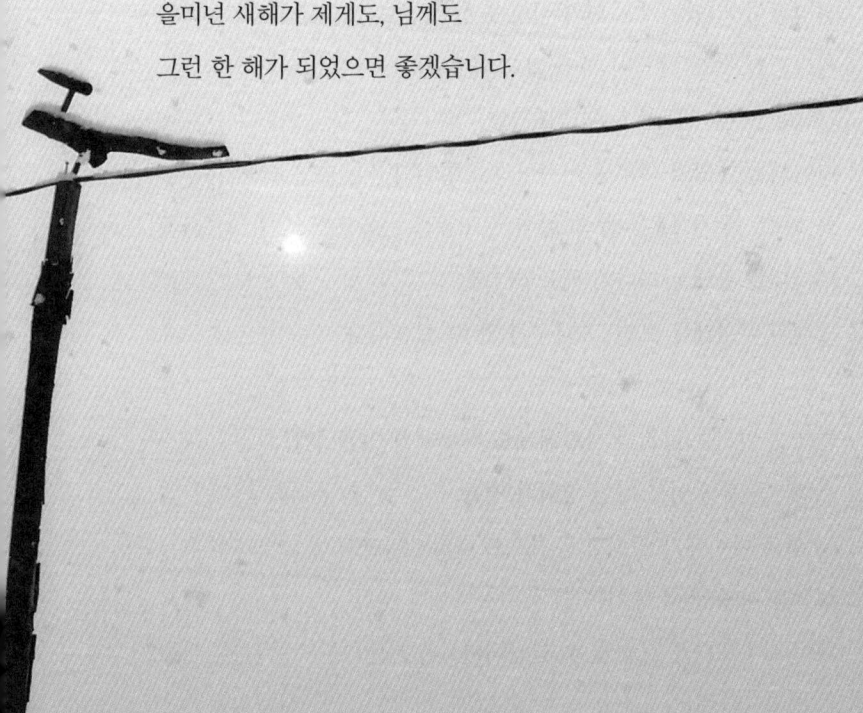

나이테

매일 아침 아궁이에 불을 지필 때면 보게 됩니다.
잘라진 면마다 아로새겨진 나무의 나이테를.
나무의 형태를 따라 새겨진 지문 모양의 나이테.
얼핏 보면 그게 그것 같지만 자세히 보면 다 다릅니다.
두터운 것이 있는가 하면 실처럼 가는 것도 있고,
선명한 것이 있는가 하면 알아보기 힘든 것도 있습니다.
찌그러진 것도, 굴곡이 파인 것도 있습니다.

나이테를 가리켜 나무의 이력이라고 합니다.
한 해 두 해 지나온 나무의 삶이
나이테를 통해 나타나기 때문입니다.
그래서 나이테를 보면 그 나무를 알 수 있습니다.

눈에 보이지는 않지만 사람에게도 나이테가 있습니다.
한 해 두 해 쌓이고 쌓인 경험과 경륜.
그 삶의 나이테가 인성과 품격으로 나타납니다.
얼굴을 마주할 때 풍기는 인상이나 아우라 또한
나이테의 또다른 모습일 수 있습니다.

을미년 새해 아침,
아궁이에 불을 지피며 다시금 뒤돌아봅니다.
지난 한 해 나의 나이테는 어떠했는지,
하나의 나이를 더한 만큼 더 굵고 단단해졌는지,
나이값을 못해 무늬 하나 남기지 못한 것은 아닌지…….

이미 지난 갑오년은 그렇다 쳐도
새롭게 시작한 을미년 한 해만큼은
선명하고 아름다운 나이테를 남길 수 있기를…….
활활 타오르는 불꽃을 향해
불꽃처럼 뜨겁게 드리는 새해의 기원입니다.

편지 157

이정표

"가까이 온 것 같은데 길을 잘 모르겠네요.
여기서 어디로 가야 하나요?"
처음 저희 집을 방문하시는 분들 중에는
길을 찾지 못해 헤매는 분들이 종종 있습니다.
산으로 올라오는 길에 골짜기가 많은데다
예전에는 30호가 살던 큰(?) 마을이라
여러 곳에서 길이 갈리기 때문입니다.
그러니 산중이라도 이정표가 필요합니다.
방향과 거리를 알려주는 표식이 있어야
힘들이지 않고 제 길을 찾을 수 있습니다.

이정표가 필요한 것은 인생도 마찬가지입니다.
내 생에서 내가 가고자 하는 곳이 어디인가?
나는 지금 어디를 향해 어디쯤 가고 있는가?
이 길이 내가 가고자 하는 그 길이 맞는지…….
이정표를 보고 가끔씩 확인하고 점검해야 합니다.
그래야 탄력을 받아 제대로 갈 수 있습니다.

길을 잃고 헤매는 시행착오를 줄일 수 있습니다.

또 한 해를 시작하는 새해의 아침.
책을 쓰겠다, 운동을 하겠다, 계획을 세우기에 앞서
내 생의 이정표부터 꺼내 확인을 합니다.
올 한 해 내가 나아가야 할 방향과 거리를…….

편지 158 목화

아랫마을 어느 집 돌담 아래의 풍경입니다.
매서운 한파가 몰아친 엊그제,
지나가다 우연히 보고 걸음을 멈췄습니다.
박을 터트리듯 꽃잎을 터트리고 피어난 목화.
새하얀 솜꽃의 포근함 때문일까요.
칼바람에 얼굴이 벌겋게 달아올라도
보고 있으니 마음은 솜이불처럼 따뜻해집니다.

지금은 합성섬유에 밀려 구경하기도 힘들지만
제가 어렸을 때는 대부분이 솜이불이었습니다.
저 목화솜을 두툼하게 넣어 누빈 솜이불.
조금 두텁고 무겁긴 해도 참 따뜻했습니다.
윙윙 문풍지를 울리며 칼바람이 파고들면
솜이불을 끌어 목 위까지 덮어주시던 어머니.
그렇게 솜이불의 따스함 속으로 빠져들면
한겨울의 추위도 너끈히 견딜 수 있었습니다.

목화에는 애틋한 전설이 있다고 합니다.

기근이 심해 먹을 것이 없자
자신의 몸을 도려내 자식을 먹이고 죽은 어머니.
그 어머니의 무덤에서 피어난 꽃이 목화라지요.
죽어서도 자식을 따뜻하게 하기 위해
솜꽃으로 환생한 어머니.
그래서 목화의 꽃말은 어머니의 사랑이랍니다.

연초부터 매섭게 몰아치는 한파 때문일까요.
어릴 적에 덮고 자던 두툼한 솜이불이 그립습니다.
그 이불을 덮어주시던 어머니의 손길이 그립습니다.

패

서랍을 뒤지다 보니 화투가 눈에 띄었습니다.
예전 같으면 그냥 닫고 말겠지만
연초라 그런지 고스톱이라도 한판 치고 싶어졌습니다.

님께서도 아실지 모르지만
고스톱을 치기 위해서는 먼저 패를 받습니다.
한판의 승부를 위해 손에 쥐는 일곱 장의 패.
어떤 패를 받느냐에 따라 승산이 달라집니다.
하지만 패가 곧 결과로 이어지지는 않습니다.
오광을 들어도 패가 막히면 피박을 쓰고,
흔들어도 잘만 풀리면 따블로 점수를 냅니다.
그러니 패보다 더 중요한 것이 운용입니다.

우리네 인생도 어찌 보면 고스톱과 닮았습니다.
사람은 누구나 태어나면서 인생의 패를 받습니다.
세상에 나오는 순간의 우주적 기운,
출생한 연월과 일시의 음양오행의 상태.

한마디로 사주와 팔자라는 것입니다.
그 여덟 개의 패를 알면 나를 알게 됩니다.
목화토금수의 우주적 기운 중
내게 어떤 기운이 넘치고 어떤 기운이 모자라는지…….
또한 그 패를 알아야 인생을 제대로 영위할 수 있습니다.
목기운이 넘치면 금기운을 보충해 조절하고,
화기운이 부족하면 더운 음식으로 채워주고…….
그렇게 나를 알고 조절으로써
내 삶과 운명을 스스로 열어갈 수 있습니다.

그러니 내가 받은 사주와 팔자는 운명이 아닙니다.
내가 나로 살기 위한 토대요 출발점일 뿐입니다.
그런 만큼 사주가 좋다고 안도할 일도 아니요,
팔자가 사납다고 낙담할 일도 아닙니다.
내게 주어진 내 패를 알고
거기에 맞게 전략을 짜고 운용을 하는 것.
그것이 어쩌면 인생 최고의 승부가 아닐는지요.

고등어

매일 김치와 깍두기로 밥을 먹으니 입이 좀 심심한 것 같아
모처럼 고등어 한 마리 구웠습니다.
아궁이 속에서 꺼낸 숯불에 석쇠를 걸치고
그 위에 손질한 고등어를 얹었습니다.
얼마 지나지 않아 기름이 뚝뚝 떨어지면서
노릇노릇하게 익어가는 고등어 속살,
어느새 입안에는 군침이 돌았습니다.

그렇게 구운 고등어의 속살을 발라
하얀 쌀밥 위에 얹어 한 입 베어 먹으니
입안 가득 번지는 쫀득하고 담백한 맛.
그 맛을 어찌 말로 표현할 수 있겠습니까.

이렇듯 같은 고등어라도
어떤 불로 어떻게 굽느냐에 따라 맛이 다릅니다.
후라이팬에 올려 가스불에 굽는 것보다는
석쇠에 얹어 숯불에 굽는 것이 더 맛있습니다.

어찌 보면 사람 또한 마찬가지가 아닐는지요.
같은 사람이 같은 재주를 발현해도
주변 상황이나 여건에 따라 향기가 다 다릅니다.
비록 작고 보잘 것 없을지언정
내가 가진 재주와 역량을 잘 구워내
향기와 여운을 풍겨주는 숯불을 찾는 것.
올 한 해 제가 해야 할
또 하나의 과제가 아닌가 싶습니다.

종

아랫마을 교회의 철탑 위에 설치된 종입니다.
집으로 올라오는 길 옆에 있는지라
지나갈 때마다 한 번씩 쳐다보곤 합니다.
그때마다 줄을 당겨 쳐보고 싶은 충동을 느낍니다.
되살아나는 옛 추억 때문입니다.

저도 어릴 적에 얼마간 교회를 다녔습니다.
그때에는 교회마다 저런 철탑종이 있어
저도 가끔 예배를 알리는 종을 치곤 했습니다.
길게 늘어진 밧줄을 잡아당기면
주먹만한 불알이 종을 때리면서
사방으로 울려퍼지던 맑고 은은한 종소리.
지금도 제 가슴 한켠에 추억으로 남아 있습니다.

종은 불알로 몸을 때려야 소리가 납니다.
세게 때릴수록 맑고 아름다운 소리가 납니다.
더 멀리까지 울리고 여운도 오래 갑니다.

그러니 우리가 듣는 아름다운 종소리는
종이 견디는 인내의 소리인지도 모릅니다.

때로는 사람에게서도 저 소리를 듣습니다.
시련이나 위기를 딛고 일어선 사람에게서는
저 종처럼 맑고 아름다운 소리가 납니다.
견뎌낸 고통의 크기가 크면 클수록
그만큼 더 맑고 아름다운 소리가 뿜어져 나옵니다.
그러니 감당할 수 있는 시련은
고통인 동시에 축복일 수 있습니다.

매서운 한파가 이어지는 주말 아침
태화산을 울리는 종소리가 듣고 싶어집니다.
요즘에는 교회에서도 종을 치지 않으니
혹여라도 제 몸에서 종소리가 나지는 않는지,
오늘 하루 조용히 귀 기울여 보아야겠습니다.

재

보름에 한 번 정도 하는 아궁이 청소,
그동안 쌓인 재를 삽으로 퍼냈습니다.
보름 동안 꽤나 많은 장작을 태웠는데
고작 두어 삽의 재가 전부입니다.
그렇게 퍼낸 재를 옆에 있는 어수리밭에 뿌렸습니다.
얼어붙은 땅 위에 뿌려진 회색빛 재,
물끄러미 바라보고 있으려니
자연의 질서라는 오행의 작용이 생각났습니다.
물은 나무를 기르고, 나무는 타서 불을 피우고, 불은 재가 되고…….
삼라만상에 적용된다는 자연의 법칙.
인간이라고 예외가 될 수 있겠습니까?

나 또한 언젠가는 이렇게 재가 되어 돌아가리라.
거기까지 생각이 미치자
다시금 지나온 삶을 뒤돌아보게 됩니다.
아무리 채우고 쌓아도 결국은 이렇게 한 줌의 재가 될 뿐인데,
왜 그렇게 아등바등거리며 살아왔는지,
하나라도 더 가지려고 욕심을 부렸는지…….

그러고 보면 나이가 든다는 것은
조금씩 조금씩 덜어내는 과정인지도 모릅니다.
젊었을 때 쫓아가던 부와 명예와 권력…….
그것이 그렇게 큰 의미가 없음을 알고
시선을 내 자신에게로 돌리는 것.
그동안 내 안에 채우고 쌓은 것을 덜어내며
그 안에 감춰진 본연의 나를 찾는 것.
어쩌면 그것이 지천명(50대)의 참뜻이 아닐는지요.

'한 살의 나이를 더한 만큼
그런 지천명의 삶에 한 걸음 더 가까이 가자.'
아궁이의 재를 퍼내며
다시금 을미년의 다짐을 되새겨봅니다.

산죽차

눈이 내린 다음 날, 산죽(조릿대) 채취에 나섰습니다.
저희 김삿갓 다녀님들과 함께,
쌓인 눈에 발이 푹푹 빠지는 깊은 산중에서
눈 때문에 더 푸르른 댓잎을 하나하나 따 담았습니다.
저의 귀농 첫 작품이자
슬로시티 김삿갓의 새로운 슬로푸드 상품,
산죽차를 만들기 위해서입니다.

차를 덖어 자주 마시다 보니
같은 댓잎이라도
시기와 장소에 따라 향이 다름을 알게 됩니다.

한겨울의 추위와 눈보라를 맞고 자란 잎,
깊은 산중에서 얼고 녹기를 반복한 잎에서는
선비처럼 청아하고 깔끔한 향이 우러납니다.
추위를 견디면서 응축한 인고의 향이요,
님을 향한 절개가 농축된 그리움의 향입니다.
그래서 저는 산죽차의 향기를 일컬어
설죽향이라 하고 선비향이라고도 합니다.

사람을 만나다 보면 산죽차처럼
설죽향을 풍기는 분들이 있습니다.
알고 보면 감당하기 힘든 고난을 이겨낸 분들입니다.
저 댓잎처럼 몰아치는 눈보라를 참고 견디며 농축한
인고의 향기가 배어나오기 때문입니다.

이곳 태화산의 겨울은 춥고 눈도 많습니다.
귀농생활 또한 크고 작은 역경의 연속입니다.
그 모든 추위와 역경을 이겨내고
나 또한 저 댓잎처럼 인고의 향을 풍길 수 있기를…….
산죽차를 마시며 마음속 기원을 함께 마십니다.

이면

저희 집이 있는 태화산 너머의 뒤쪽 마을 길입니다.
동남향인 저희 집과는 정반대로 서북향이라
하루종일 제대로 햇볕이 들지 않습니다.
그러다 보니 눈이 내리면 길이 얼어붙어
자동차가 다닐 수 없습니다.
1킬로미터 떨어진 아랫마을로 내려가려면
반대편 길을 이용해 30킬로미터를 돌아가야 합니다.
며칠 동안 이어진 포근한 날씨에
얼어붙었던 눈길이 조금 녹나 싶었는데
어제 새벽 또다시 함박눈이 쏟아졌으니
모르긴 해도 봄까지는 통행이 어려울 것 같습니다.
그러니 함박눈 하면 다들 반갑고 설레겠지만
이 마을 사람들은 그렇지 않을 것 같습니다.
오히려 치를 떨고, 절래절래 고개를 흔들지 모릅니다.

그러고 보면 모든 것은 다 양면성이 있습니다.
아무리 기쁘고 즐거운 일이라도
그 이면에는 그로 인해 고통받는 이들이 있습니다.

신선이 산다는 무릉의 도원도
복숭아 알레르기가 있는 사람에게는
무간의 지옥일 수밖에 없지 않겠습니까?
그러니 내가 기쁘고 즐거울 때에는
그로 인해 고통받는 사람이 없는지 살피고,
내가 힘들고 어려울 때에는
그 덕분에 힘을 얻는 이가 있다는 위안을 받는 것.
태화산 뒷편의 얼어붙은 눈길이 일깨워주는,
또 하나의 삶의 지혜입니다.

편지 165 **태양**

며칠 전 아침입니다.
9시가 넘었는데도 날이 어둑해 베란다로 나와 보았습니다.
동남쪽 하늘을 뒤덮은 시꺼먼 거먹구름,
금방이라도 뭐가 쏟아질 것만 같았습니다.
눈발께나 날리려나 보다, 지레짐작하고 돌아서는 순간,

전등을 켠 것처럼 환한 빛이 쏟아졌습니다.
고개를 들어 다시 보니
먹구름 사이로 태양이 얼굴을 내밀었습니다.

그렇구나. 먹구름이 덮쳤다고 태양이 사라진 게 아니었구나.
잠시 가리워져 있었을 뿐,
여전히 그 자리에서 빛을 발하고 있었구나…….
새삼스런 깨달음에 찌릿찌릿 전율이 흘렀습니다.

어찌 보면 희망이란 놈도 저 태양과 닮았습니다.
앞을 가로막는 두터운 장막과 시꺼먼 구름.
더는 안 되겠다, 포기하고 좌절하는 그 순간에도
희망은 여전히 그 자리에서 반짝거리고 있습니다.
장벽에 가려, 구름에 묻혀 보이지 않을 뿐입니다.

그래서 필요한 것이 인내가 아닐는지요.
이를 악물고라도 참고 기다리면
장막은 걷히고 먹구름은 흘러갈 것이니까요.
그러면 저 태양처럼 희망 또한 환하게 얼굴을 내밀 것이니까요.
"먹구름 뒤에서도 태양은 빛난다."
오늘 또 하나의 금과옥조를 가슴에 새깁니다.

편지 166

가지

저희 집 뒷마당에 있는 감나무 가지입니다.
나무는 한 그루인데 가지는 수십, 수백 개가 됩니다.
가만히 보면 모양도 크기도 다 다릅니다.
잎을 달고 열매를 맺을 때는 차이가 더 두드러집니다.
휘어질 정도로 많은 열매를 맺는 가지가 있는가 하면
이파리만 무수히 달고 있는 가지도 있습니다.
열매도 잎도 없이 말라 죽은 가지도 있습니다.
그러니 가지 하나만 보고 나무를 알 수는 없습니다.
제 아무리 아름답고 탐스러운 가지라도
그것은 나무의 한 부분에 불과하기 때문입니다.

부럽네요, 행복하시겠어요, 가보고 싶어요…….

제 편지를 읽고 님들이 보여주시는 반응입니다.
제 입장에서야 고맙고 기쁘기 그지없지만
한편으로 걱정이 되는 것 또한 감출 수 없습니다.
제가 올리는 태화산 편지는
귀농 생활의 여러 가지 중 하나이기 때문입니다.
그것도 아름답고 탐스럽다고 생각되는 가지를 골라
보여드리는 것이기 때문입니다.

그렇기 때문에 막상 이곳에 오시게 되면,
또 어렵게 결심을 하고 귀농을 하시게 되면
이게 아닌데, 이렇지 않았는데, 실망할 수도 있습니다.
제가 보여드리는 것을 보시는 것과
직접 전체를 보고 경험하시는 것은
그만큼 차이가 날 수밖에 없으니까요.
그래서 제 나름대로는
귀농생활의 다양한 면면들을 그대로 다 보여드리자,
다짐을 하고 노력도 하지만
한 쪽으로 무게 중심이 쏠리는 것은 어쩔 수 없습니다.
그러니 님께서 기억해 주시길 당부드립니다.
제가 올리는 태화산 편지의 내용들은
귀농생활의 한 가지에 불과하다는 사실을요.

가재골

태화산에서 바라보이는 남한강 너머,
김삿갓면 대야리 가재골로 올라가는 길입니다.
제가 살고 있는 태화산 자락도 오지지만
저곳에 비하면 그래도 시내(?)가 아닌가 싶습니다.
한 쪽은 강물이 굽이치는 낭떠러지요,
다른 한 쪽은 깎아지른 산사면.
머리칼이 곤두서는 외길을 따라 2킬로미터쯤 올라가면
골짜기에 자리잡은 육지의 섬, 가재골이 나타납니다.

처음에는 가재가 많아 가재골일 것이라 생각했습니다.
알아보니 가능할 가(可), 있을 재(在),
가이 살 만한 곳이라 하여 붙여진 이름이랍니다.
조선 후기 박씨 사람들이 어지러운 세상을 피해
정감록에 있는 십승지를 찾아 이주한 곳이라니
3백 년도 넘는 유서 깊은 마을이기도 합니다.
6.25 때도 전쟁이 났는지조차 몰랐다니
십승지가 맞긴 맞는가 보다, 생각도 듭니다.

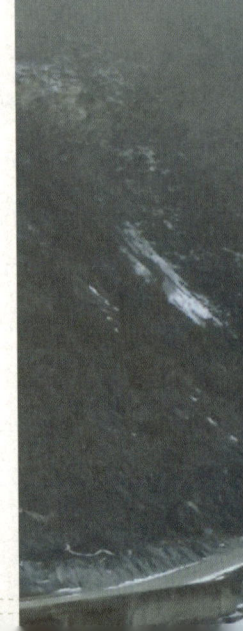

그러고 보면
사람만큼 적응력이 강한 존재도 없습니다.
저런 곳에서 어떻게 살 수 있을까 싶지만
한 때는 50여 가구가 마을을 이루고 살았고,
지금도 열댓 가구가 살고 있으니까요.

"가고는 싶지만 살 자신이 없어요.
마트도 없고, 버스도 없고, 병원도 없고……."
귀농이나 귀촌에 대해 얘기할 때면
빠지지 않고 나오는 하소연입니다.
하지만 그건 마음이 없다는 핑계에 불과할지 모릅니다.
진정으로 원하면 행동은 따르게 되어 있고,
어떤 환경에도 적응할 수 있는 능력이 누구에게나 있으니까요.
요즘에는 아무리 시골이라 해도
저 가재골 같은 오지는 드물지 않겠습니까?

편지 168 와송

산책 삼아 와송밭을 둘러보다 보았습니다.
아직도 두텁게 덮여 있는 눈 속에서
살며시 얼굴을 내밀고 있는 저 와송 모종을.
12월 중순 많은 눈이 내린 이래
여지껏 눈으로 덮여 있는 그늘진 두둑.
그 오랜 추위와 눈보라 속에서도 꿋꿋이 살아남아
결국은 저렇게 눈을 녹이고 나왔으니…….
가슴이 먹먹하고 눈시울이 시큰해집니다.

지난 2년, 와송을 심고 가꾸면서 많은 걸 배웠습니다.
그중의 제일이 저 끈질긴 생명력입니다.
뙤약볕이 내리쬐는 한여름의 기왓장 위에서도,
송곳도 꽂기 힘든 한겨울의 동토 속에서도,
뿌리를 내리고 생을 움켜쥐는 저 놀라운 생명력…….

그래서일까요?
와송을 보고 있으면 제 자신을 돌아보게 됩니다.
예기치 못한 상황이나 환경에 처했을 때

나는 얼마나 강인한 생명력을 발휘할 수 있을지,
일상을 넘어서는 한파나 혹서 속에서도
저렇듯 꿋꿋하게 내 생을 움켜쥘 수 있을지…….

자신은 없지만 아니라고 부정하지는 않으렵니다.
그래도 명색이 만물의 영장인데
저 어리고 약한 와송보다 못해서야 되겠습니까?
할 수 있다고 생각해야 할 수 있는 힘이 생기는 법.
그 어떤 시련이나 어려움도 이겨낼 수 있다,
그런 긍정의 힘, 생명의 힘이 내게도 있다,
그렇게 제 자신을 믿고 격려하며
오늘도 한 걸음 한 걸음 앞으로 나아가렵니다.
눈을 녹이고 얼굴을 내민 저 와송처럼.

관계의 힘

편지 169

어제 첫상품으로 개발한 산죽차를 소개하면서
기대감으로 가슴이 설레기도 했지만
불안하고 걱정스런 마음 또한 감출 수 없었습니다.
그것은 산죽차라는 하나의 상품이 아니라
제가 추구하는 궁극적인 목표이자 지향점인,
제가 태화산 편지를 쓰는 이유이기도 한,
관계 위주의 새로운 직거래 시스템에 대한
첫 시험대가 되기 때문이었습니다.

어제 저는 그 가능성을 확인했습니다.
이제 시작이라 많이 서툴고 부족한데도
저를 믿고 선뜻 구매해 주신 많은 님들.
학연 지연도 없고, 얼굴 한번 본 적 없는데도
마음까지 담아 성원해 주신 카친, 페친, 밴친님들…….
하루 종일 주문받은 상품을 포장하면서
벅차오르는 감흥을 억누르지 못했습니다.
님께서 구매해 주신 것이 산죽차가 아니라
산죽차에 실린 저와의 관계이기 때문이었습니다.

"그래, 내가 옳았어. 관계가 우선이야."
삑삑거리는 핸드폰을 확인할 때마다
저는 그렇게 관계의 힘을 확인했습니다.

아울러 한 가지 과제도 떠안았습니다.
이렇게 맺어진 님과의 관계를
어떻게 상생의 길로 승화시킬 것인가,
어떻게 교류하고 유대를 강화해
저와 님, 님과 님 모두에게
유익하고 도움이 되는 방향으로 나아갈 것인가…….
제 나름대로는 많은 고민을 하고 있고,
앞으로도 계속 해나갈 것입니다.
기회가 되면 함께 고민하는 시간도 만들어 보겠습니다.
님께서도 좋은 생각이 있으시면 나누어 주십시오.

관계가 우선이 되는 새로운 직거래 시스템,
먹거리를 매개로 정과 우애를 나누는 새로운 생-소 관계,
FTA가 아니라 그보다 더한 것에도 끄떡이 없는 관계,
농촌이 살고 소비자에게도 좋은 상생의 관계 시스템을
님과 더불어 꼭 한번 만들어보고 싶습니다.
제게 그런 기대와 설레임을 주셔서 정말 고맙습니다.

편지 170

방심의 대가?

어제부터 한파가 몰아친다는 보도가 있었습니다.
실제로 어제는 근래 들어 가장 추웠습니다.
까짓껏, 그래 봐야……. 입춘도 지났는데…….
한달 내내 포근한 겨울을 보낸지라
막바지 추위에 그다지 신경을 쓰지 않았습니다.
그 방심이 결국 화를 불렀습니다.
아침에 수도를 틀었는데 물이 나오지 않았습니다.
추우면 밤에 물을 틀어 얼지 않게 해야 하는데,
겨울도 다 지났는데 추워 봐야, 하는 마음에
깜빡 잊고 그냥 잠든 것이었습니다.

그 대가는 혹독했습니다.
얼어붙은 보일러실 배관을 녹이느라
한 시간 넘게 드라이기를 들고 몸을 떨어야 했습니다.
"니가 나를 우습게 봐?"
한파의 복수(?) 때문인지
문틈을 파고드는 바람이 칼날처럼 매서웠습니다.

그렇게 생고생을 하면서도 위안이 되는 것은

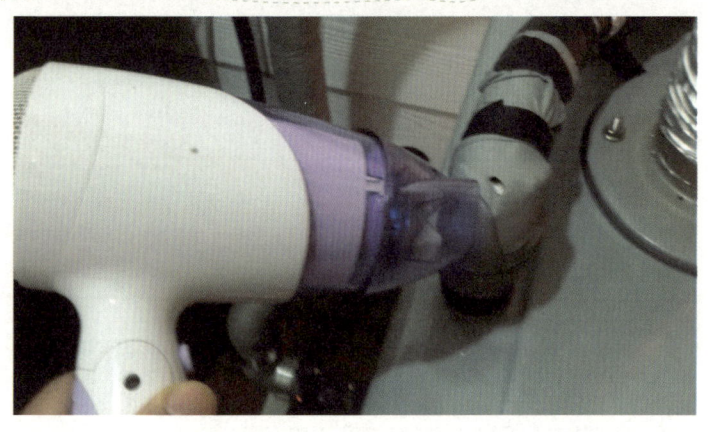

이것이 어쩌면 지금의 제게 주는
값비싼 교훈이라는 생각 때문이었습니다.
귀농 2년 만에 별 어려움 없이 정착했고,
이 편지를 통해 많은 님들과 관계도 맺었고,
산죽차라는 새로운 상품도 개발했으니…….
'이제 됐어, 이만 하면 잘한 거야.'
자칫 방심할 수 있는 제게
그랬다간 언제든지 얼어붙을 수 있음을 일깨워주는,
자연의 교훈으로 느꼈기 때문입니다.

교훈은 인장처럼 가슴에 새겨야 하는 것.
오늘 아침 이 생고생의 의미를 받아들여
언제까지나 초심을 잊지 말자…….
다시 한번 다짐해 보는, 정말로 추운 아침입니다.

편지 171 광부의 길

세상의 모든 길에는 다 사연이 있습니다.
하지만 이 길에는
한 시대의 흥망성쇠가 살아 숨쉬고 있습니다.
전에 소개한 모운동에 있는 광부의 길입니다.

지금은 인적조차 끊어진 첩첩의 산중.
그 적막한 산길을 걷고 있노라니
30여 년 전 모습들이 퍼즐 조각처럼 떠오릅니다.
이 길을 따라 갱도를 오가던 광부들,
동발을 만들어 갱도를 떠받치던 사람들,
하루하루 기도를 하며 기다리던 가족들…….
오늘의 우리가 있기까지,
오늘의 대한민국이 있기까지,
저 깊고 깊은 막장 속에서 생의 땀을 흘리신 분들.
그리고는 석탄산업의 도태와 더불어
역사의 뒤안길로 사라져간 분들…….

능력이 된다면

이 길에서 벌어진 그분들의 삶을 작품으로 되살리고 싶다,

처음 이 길을 걸었을 때 가슴 속에서 끓어오른 저의 열망입니다.

언제가 될지는 모르지만, 언젠가의 그날을 위해

시간이 되는 대로 이 길을 찾아 옛 흔적을 더듬고,

관련 자료를 찾고, 많은 이야기를 들을 생각입니다.

혹여라도 이곳 모운동과 옥동광업소,

그리고 이곳에서 일하신 경험이나 자료가 있으면 도움을 주십시오.

좋은 작품 함께 만들어보고 싶습니다.

편지 172

경험의 함정

2층방을 둘러보는데 이것이 눈에 띄었습니다.
지난 겨울 청국장을 띄우다 실패한 콩입니다.

처음 띄울 때는 참 잘 되었습니다.
거미줄처럼 죽죽 늘어지는 끈끈한 점액질에
구린 냄새도 없이 구수하기만 한 맛…….
이게 정말 우리가 만든 거야,
스스로 놀라 입이 벌어질 정도였습니다.

하지만, 딱 거기까지였습니다.
두번째부터는 제대로 발효가 되지 않았습니다.
점액질도 신통치 않았고, 구수한 맛도 없었습니다.
지난번엔 잘 됐잖아. 그때와 똑같이 하면 될 거야.
구들방 온도, 속에 넣는 짚, 덮는 이불 등
처음과 다르게 했다고 생각되는 것들을 조절하며
여러번 다시 띄웠지만 결과는 마찬가지였습니다.
힘들여 농사지은 콩만 한 가마 쏟아부었습니다.

그러고 나서 깨달은 것이 있으니, 경험의 함정입니다.
'선무당이 사람 잡는다'는 우리네 속담처럼
어설픈 성공은 때때로 낭패를 불러온다는 사실입니다.
처음에 실패했으면 마음을 단단히 먹고
여러 상황을 제대로 배우고 공부했을 텐데,
한 번 해서 잘되니 그렇게만 하면 된다고,
다른 조건이나 환경은 고려하지 못한 것입니다.
환경과 조건은 수시로 달라지는 것인데,
성공에 대한 어설픈 경험이 그것을 망각하게 만든 것입니다.
'성공한 사람의 가장 큰 적은 라이벌도 새로운 도전자도 아니다. 성공에 대한 기억이다.'
어느 책에선가 읽은 그 말이 바로 저에게 하는 말 같았습니다.

버리기 아까워 말려만 놓은 저 콩을 보며
다시 한번 경험의 함정을 생각합니다.
내가 해봐서 아는데, 하는 그 어설픈 경험의 오류를
다시는 반복하지 않으리라 다짐합니다.
그것이야말로 제가 해봐서 아는(?) 산 교훈이니까요.

미생?

산중에 살다 보니 바둑을 둘 기회가 거의 없습니다.
이렇게 얘기하니 대단한 고수 같지만, 아닙니다.
급수로 치면 기껏해야 13~14급 정도입니다.
하수다 보니 바둑을 두면 집짓기에 급급합니다.
여차하면 몰려서 잡히지 않을까 불안해
우선 두 집이라도 내고 살아야 안심이 됩니다.
하지만, 그런 바둑은 십중팔구 패하기 마련입니다.
내가 집을 짓는 데 매달리는 사이
세력을 잃고 다른 돌과의 연계가 끊기기 때문입니다.
그래서 고수는 집에 집착하지 않습니다.

집보다 더 중요한 것이
전체 판세와 유기적인 연계임을 알기 때문입니다.

사람은 누구나 안정을 추구합니다.
몸도 마음도 안정이 돼야 마음이 놓입니다.
요즘처럼 어려운 시기에는 더더욱 그러합니다.
다음이야 어떻든 지푸라기라도 잡고 싶어집니다.
하지만 안정에의 지나친 집착은
자칫 고립과 단절을 부를 수 있습니다.
바둑판 한 귀퉁이에 서너 집 짓고 안도하면,
인생 전체를 그르치는 우를 범할 수 있습니다.
귀퉁이 집에 매달리기보다 가운데로 뻗어나가는 삶,
불안하고 두려워도 인생 전체를 먼저 생각하는 삶,
비록 반백을 넘어선 내리막길 인생이지만
지금이라도 한번 그런 삶을 살아보고 싶습니다.
바둑과 마찬가지로 인생에서도 중요한 것은
귀퉁이의 집이 아니라
전체를 아우르는 조화와 균형과 연계일 테니까요.
인생은 어차피 미생의 삶이니까요.

웃음

어느 음식점에서 본 액자입니다.
보는 순간 저도 모르게 고개가 끄덕여졌습니다.
글자를 형상화한 것도 기발한 데다
아~ 하는 깨달음마저 들었기 때문입니다.

산중에 사니 자연히 건강에 관심을 갖게 됩니다.
몸에 좋은 약초를 찾아 산속을 헤매기도 합니다.
하지만 정작 곁에 있는 약초에는 무심했다는 자각,
그래서 다시금 인터넷을 찾아보았습니다.
병균을 막아주는 인터페론 호르몬을 분비하고,
암세포를 잡아먹는 NK세포를 활성화시켜 주고,
엔돌핀 등의 호르몬을 분비해 통증을 완화시켜 주고,
코티솔 분비를 막아 스트레스를 해소시켜 주고…….
거기에다 230개의 근육을 활성화해 다이어트 효과까지 주는 등
웃음이 주는 약성은 일일이 다 열거할 수 없습니다.

가만히 생각해보면 정말로 그런 것 같습니다.

아무리 힘들어도 웃는 순간 만큼은
긴장이 풀리고 몸도 마음도 평안해지니
웃음이야말로 최고의 보약임을 부정할 수 없습니다.
그러니 그저 말장난처럼 여겼던 다음의 말은
과학적으로 입증된 정설이 아닐 수 없습니다.
'행복해서 웃는 게 아니라, 웃어서 행복하다'는 말 말입니다.

웃을 일 별로 없는 세상이지만
그래도 웃으면 웃을 일도 생기지 않겠습니까?
내일 모레면 시작되는 설 연휴,
많이 웃어서 많이 행복한 명절 되시길 기원합니다.

멸치

오늘 아침 메뉴는 배춧국입니다.
대부분의 국이 그렇듯
배춧국도 국물 맛을 내는 데는 멸치가 제격입니다.
굵은 놈으로 몇 마리 넣고 팔팔 끓였습니다.
그렇게 한참을 우려낸 다음
흐물흐물해진 건더기를 건져내 버리고
배추를 넣고 된장을 풀어 국을 끓였습니다.

그리고는 돌아서 국자를 씻는데
수채통에 버려진 멸치가 눈에 들어왔습니다.
펄펄 끓는 물에 단물 진물 다 우려내고
흐물흐물 부서져 수채통에 버려진 멸치 건더기.
가만히 그 모습을 보고 있자니
요즈음의 아버지들이 떠올랐습니다.
처자식 먹여 살리기 위해 모든 걸 쏟아붓고,
집에 돌아와서도 외면받고 소외되는 중년 가장.
그 슬픈 자화상을 보는 것 같아

못에 긁힌 듯 가슴이 아려왔습니다.
기러기 아빠, 펭귄 아빠도 모자라
'멸치 아빠'라는 말까지 등장할 것 같아
답답하고 씁쓸한 마음 또한 감출 수 없었습니다.

모처럼 가족들이 함께 모이는 설 명절.
멸치로 국물을 우려낸 떡국을 드시면서
한 번쯤 그 멸치와도 같은 아버지의 삶을 생각하는,
그런 시간도 있었으면 좋겠습니다.

연탄재

다 타서 밭가에 버려진 연탄재입니다.
온몸을 불태워 서민들의 겨울을 덥혀 주고
하얗게 재가 되어 스러진 연탄재.
이곳에서는 흔하게 볼 수 있는 연탄재지만
그냥 지나치지 못하는 것은
안도현 시인의 짧은 시 때문입니다.

연탄재 함부로 발로 차지 마라
너는
누구에게 한 번이라도 뜨거운 사람이었느냐

이 시를 읊조리며 다시 보니
연탄만큼 아름다운 생도 없는 것 같습니다.
자신의 모든 것을 남김없이 불사른 뒤
하얗게 재가 되어 돌아가는 생과 사.
미련도 후회도 남김이 없는 소신공양에
발로 찰 엄두조차 내지 못합니다.

우리네 인생 또한 그러한 것일진대
나는 얼마나 뜨겁게 살았나 뒤돌아 봅니다.
저 연탄만큼 뜨거웠던 적이 내게도 있었던가?
내 모든 걸 불태우며 살았던 적이 있었던가?
미련도 후회도 남김이 없는 생을 살고 있는가?
무어라 선뜻 대답을 하지 못하는 것은
아직 살아갈 날들이 많이 남아 있기 때문일까요?
그렇다면 지금부터라도
저 연탄처럼 뜨겁게 뜨겁게 살아봐야 할텐데,
후회도 미련도 남기지 말아야 할텐데…….
음력이라는 또 한 번의 새해 아침,
하얗게 산화한 연탄재의 소신공양 앞에서
나 또한 연탄처럼 뜨거운 한해를 보낼 수 있기를
뜨거운 가슴으로 소망해 봅니다.

장 담그기

편지 177

어제가 무슨 날이었는지 아십니까?
대부분 고개를 갸웃거리겠지만
나이 지긋한 어머님들은 다 아실 것입니다.
설이 지난 다음의 말일, 장을 담그는 날입니다.
유래를 찾아보니
12지간의 동물 중 말의 피가 가장 깨끗하답니다.
그런 말의 피처럼 간장이 맑고 맛이 있으라 해서
말의 날을 택해 장을 담근다고 합니다.

그 길일을 택해 저희도 장을 담갔습니다.
3년 묵은 천일염으로 소금물을 만들어 붓고
겨우내 띄워 말린 메주를 담갔습니다.
그런 다음 와송을 끓여 식힌 물을 더 부었습니다.
암의 예방과 치료에 좋은 와송과 된장을 결합,
항암 효과가 배가된 와송된장을 만들기 위해섭니다.
(콩을 삶을 때 와송을 넣어 함께 삶았지만 양이 조금 부족한 것 같아 끓인 물로 보충)
그 위에 잘 말린 대추와 고추를 넣은 다음
항아리를 볕이 잘 드는 2층 베란다에 내어놓았습니다.

그것으로 우리가 할 일은 끝.
나머지는 전적으로 태화산에 맡깁니다.
맡기고 가을까지 묵묵히 기다리면
태화산이 볕과 바람과 공기로 숙성시켜 줄 것입니다.
태화산이 빚어주는 장맛이 어떨지,
와송과 된장이 결합해 어떤 효과를 낼지,
와송맛이 가미된 간장은 또 어떤 맛을 낼지…….
올 여름 장이 익어가는 시간은
그에 대한 기대와 설레임으로
제 마음 또한 함께 익어갈 것 같습니다.

솟대와 달

엊그제 저녁 조금 늦게 집에 돌아왔습니다.
시동을 끄고 차에서 내리니
소백산 위로 휘영청 보름달이 떠 있었습니다.
일 년에 한 번뿐인 정월 대보름달인데
그냥 지나칠 수야 없지 않습니까.
핸드폰을 꺼내 몇 번이나 셔터를 눌렀습니다.
하지만 갤러리에서 확인한 사진은 실망스러웠습니다.
검은 바탕 위에 둥그런 원 하나,
흔하디 흔한 달 사진 중 하나일 뿐이었습니다.

이게 아닌데, 나만의 색다른 사진이어야 하는데…….
마음에 차지 않아 고개를 흔드는데
마당가에 서 있는 솟대가 보였습니다.
보름달과 솟대.
고대로부터 기원의 대상이었던 보름달과
신성지역인 '소도'의 표식으로 세웠던 솟대.
서로 잘 어울릴 것 같은 생각이 들었습니다.

가까이 다가가 달을 옆에 두고 솟대를 찍었습니다.
하지만 사진에는 캄캄한 밤에 둥그런 달뿐,
솟대는 그림자도 보이지 않았습니다.
어떻게 하면 솟대와 달을 같이 찍을 수 있을까?
고민한 끝에 달을 뒤에 두고 솟대를 찍었습니다.
그랬더니 첨부한 것과 같은,
저만의 보름달 사진이 만들어졌습니다.
그래 됐어, 저도 모르게 입가에 미소가 흘렀습니다.

그러고 보면 새롭다는 것도 별 게 아닙니다.
기존의 방식에서 한 번만 다르게 생각해 보는 것.
그래서 손가락 하나라도 다르게 하는 것.
그것이 어쩌면 나만의 생각, 나만의 작품(?)을 만드는
출발점이 아닌가 싶습니다.
인생이라고 뭐 다르겠습니까?

기찻길

영월 덕포리에 있는 건널목 옆의 기찻길입니다.
참 많은 추억을 떠올리게 하는 서정이지요.
기찻길 옆 오막살이~ 동요가 저절로 흥얼거려지고,
저 선로처럼 영원하자던 첫사랑의 기억도
퍼즐조각처럼 머릿속을 스쳐 지나갑니다.

하지만 나이가 든 지금은 거리가 생각납니다.
기찻길이 저렇듯 끊임없이 이어질 수 있는 것은,
언제나 일정한 거리를 유지하고 있기 때문이라는…….
너무 가까워 부딪치지도 않고,
너무 벌어져 갈라지지도 않기 때문이라는…….

그러고 보면 사람 사이에도 어느 정도 거리가 필요합니다.
너무 다가가면 시선이 가려져 전체를 보지 못하고
너무 떨어지면 보이지 않아 마음에서도 멀어집니다.
잠시라도 떨어져선 못 살 것 같던 연인들이
어느 순간 등을 돌리고 갈라서는 것은
너무 가까워 전체를 보지 못하기 때문이요,
기러기 부부의 이혼율이 높은 것은
너무 멀리 떨어져 마음에서도 멀어지기 때문입니다.
그러니 아무리 가까운 사이라도
서로 마주보며 손잡고 걸어갈 수 있는,
꼭 저 기찻길 만큼의 거리가 있어야 합니다.
님과 저와의 사이 또한 저 기찻길과 같으면 좋겠습니다.

편지 180 봄소리?

한파가 물러가고 포근해진 오후,
계곡을 따라 이어진 어수리밭을 둘러보았습니다.
날이 풀렸다고는 하지만 아직은 얼어붙은 2월.
땅을 비집고 나오는 샛푸른 싹을 보기 위해서는
조금 더 시간을 갖고 기다려야 할 것 같았습니다.

그런데, 어디선가 소리가 들렸습니다.
좔좔좔, 졸졸졸, 좔좔좔…….
경쾌한 리듬을 타고 끝없이 이어지는 물소리.
그 소리에 이끌려 계곡으로 내려섰습니다.
수량이 적은 데다 해발도 높은 산중이라
겨우내 얼음으로 얼어 있던 계곡인데,
따스한 햇살에 얼음이 녹아 흐르는 소리였습니다.

봄은 얼음장 밑으로 온다고 했던가요?
잠시 쪼그리고 앉아 물소리를 듣고 있노라니
중학교 때 배운 그런 시구가 떠올랐습니다.
얼음을 녹이고 물이 되어 흐르는 소리,

태화산의 봄을 이끌고 오는 이 해동의 소리를
혼자 듣기 아까워 짧은 영상으로 옮겼습니다.
잠시 태화산을 적시는 물소리로 귀를 씻고,
소리 없이 다가온 봄의 기운을 만끽하는,
여유롭고 따스한 하루가 되시길 기원합니다.